Transformación Digital en Negocios Tradicionales

Introducción: La Era Digital y su Impacto en los Negocios Tradicionales

- ## Breve historia de la digitalización

La historia de la digitalización tiene sus raíces en los avances tecnológicos que comenzaron a transformar el mundo en el siglo XX, cuando surgieron los primeros dispositivos electrónicos capaces de almacenar y procesar información de manera digital. Esta transformación, que pasó por etapas cruciales de innovación, ha llevado a la sociedad desde las primeras computadoras hasta la era moderna de internet, inteligencia artificial y dispositivos conectados en tiempo real. La digitalización ha impactado todos los aspectos de la vida humana, desde la economía y los negocios hasta la educación, la comunicación y la cultura, convirtiéndose en uno de los pilares de la modernidad y configurando un entorno en el que la información digitalizada es un recurso fundamental.

El inicio de esta transformación se remonta a mediados del siglo XX, cuando aparecieron las primeras computadoras capaces de procesar información a velocidades sin precedentes. El nacimiento de la computadora electrónica digital en los años 1940, especialmente con el desarrollo de la ENIAC en 1945, marcó el comienzo de una nueva era en la que los datos podían ser procesados con rapidez y precisión. A medida que estas máquinas se volvieron más avanzadas y accesibles, las empresas comenzaron a utilizarlas para agilizar sus procesos de cálculo, gestión y almacenamiento de datos. Durante los años 1960 y 1970, se desarrollaron sistemas computacionales más compactos y potentes que introdujeron la capacidad de almacenar grandes cantidades de información en formato digital. Este almacenamiento no solo permitía guardar datos de manera más eficiente, sino también hacer accesible esta información de una forma que antes era impensable.

Con el tiempo, la capacidad de conectar computadoras entre sí mediante redes fue otro salto fundamental. A finales de los años 1960, el nacimiento de ARPANET, la red precursora de internet, fue un hito clave en la historia de la digitalización, pues permitió a investigadores compartir información y recursos a través de distancias considerables. Este avance sentó las bases para el desarrollo del internet moderno, que explota la interconexión de redes a nivel global. Durante los años 1980, la computación personal comenzó a popularizarse, impulsada por la creación de computadoras más pequeñas y asequibles, como la Apple II y, posteriormente, la IBM PC. Este avance llevó la tecnología digital al ámbito doméstico y empresarial, facilitando la gestión de tareas diarias y el acceso a programas informáticos que podían realizar funciones avanzadas de cálculo y procesamiento de texto, gráficos y datos.

El auge de internet en los años 1990 marcó otro punto de inflexión en la digitalización, ya que permitió a las personas y a las empresas acceder a una cantidad prácticamente ilimitada de información. Las empresas empezaron a trasladar sus procesos comerciales al ámbito digital, facilitando la comunicación con clientes y proveedores, el acceso a mercados internacionales y la introducción de sistemas de gestión de información. Al mismo tiempo, la proliferación de sitios web y el nacimiento del comercio electrónico, con gigantes como Amazon y eBay, demostraron que los negocios podían adaptarse a esta nueva realidad digital para ofrecer productos y servicios de forma innovadora y a gran escala.

La llegada del nuevo milenio trajo consigo la masificación de la tecnología móvil y la expansión de las redes de banda ancha. A medida que las conexiones de internet se hicieron más rápidas y accesibles, los dispositivos móviles y las tabletas se volvieron fundamentales para la vida cotidiana y los negocios. Empresas de todos los sectores comenzaron a desarrollar aplicaciones móviles y estrategias de marketing digital, adaptándose a la nueva realidad de los consumidores, quienes esperaban servicios instantáneos y personalizados a través de sus dispositivos. Durante esta etapa, la digitalización ya no solo se trataba de adoptar herramientas digitales, sino de cambiar profundamente la forma en que se diseñaban y ofrecían productos y servicios.

A partir de la segunda década del siglo XXI, el avance de la inteligencia artificial, el internet de las cosas (IoT) y el big data llevaron la digitalización a un nuevo nivel. Las empresas ahora tienen la capacidad de recopilar y analizar cantidades masivas de datos en tiempo real, permitiéndoles tomar decisiones informadas y personalizar sus productos y servicios de acuerdo con las preferencias de sus clientes. La inteligencia artificial ha permitido automatizar procesos complejos, mientras que el IoT ha conectado dispositivos y sistemas en una red de comunicación continua, generando un flujo constante de información y facilitando la optimización de operaciones.

Hoy en día, la digitalización es un proceso continuo y dinámico que sigue evolucionando. Cada nueva tecnología digital genera una cadena de innovaciones y transformaciones que están cambiando los negocios y redefiniendo las expectativas de los consumidores. La digitalización ya no se limita a una simple adopción de herramientas tecnológicas, sino que implica una transformación estructural profunda que afecta desde la cultura organizacional hasta la estrategia de negocio. Con el avance de tecnologías emergentes como blockchain, realidad aumentada y 5G, el futuro de la digitalización promete continuar revolucionando la forma en que las empresas operan y crean valor, ofreciendo oportunidades sin precedentes para aquellos que logren adaptarse e innovar en este entorno dinámico y altamente competitivo.

• Por qué la transformación digital es esencial para los negocios hoy en día

La transformación digital se ha convertido en un imperativo estratégico para los negocios modernos debido a la velocidad y magnitud con la que la tecnología está reconfigurando los mercados, las expectativas de los consumidores y los modelos operativos en todos los sectores. Las empresas que no adaptan sus procesos, productos y servicios al entorno digital enfrentan serias limitaciones para competir en un mercado donde la eficiencia, la innovación y la personalización son esenciales. Los consumidores actuales esperan respuestas rápidas, experiencias personalizadas y una interacción fluida a través de diversos canales digitales. Para satisfacer estas demandas, las empresas deben integrar tecnologías avanzadas y adoptar una cultura de adaptación y mejora continua.

El entorno digital ha creado un escenario de hipercompetencia, donde las barreras tradicionales para la entrada en ciertos sectores han disminuido drásticamente. La transformación digital permite a las empresas reducir costos, optimizar sus procesos internos y mejorar la productividad mediante la automatización y la digitalización de tareas repetitivas o manuales. Al digitalizar los procesos, las empresas también pueden tomar decisiones más informadas gracias al uso de big data y análisis de datos. Estas tecnologías permiten a las organizaciones interpretar grandes volúmenes de información, identificar patrones y ajustar sus estrategias en tiempo real, algo que sería imposible con los métodos tradicionales.

Además de mejorar la eficiencia operativa, la transformación digital permite a las empresas crear modelos de negocio innovadores que pueden expandir sus fuentes de ingresos y mejorar su competitividad. Muchas compañías, especialmente las grandes plataformas tecnológicas, han cambiado de modelos de negocio tradicionales a otros basados en suscripción, uso compartido y economía colaborativa, transformando sus sectores y ampliando sus mercados. Esto ha incentivado a empresas de otros sectores a replantear sus propios modelos, adoptando prácticas digitales que les permitan conectar con sus clientes y adaptarse a sus preferencias en constante cambio. Sin este tipo de transformación, las empresas quedarían aisladas frente a competidores más ágiles y eficientes que pueden ofrecer valor añadido mediante la tecnología.

La transformación digital también permite a las empresas gestionar mejor sus relaciones con los clientes. Las herramientas digitales como los CRM, el marketing automatizado y los chatbots, así como la integración de plataformas sociales y móviles, ofrecen a las empresas una visión completa del ciclo de vida del cliente, permitiendo ofrecer una experiencia personalizada y de alta calidad. Este enfoque centrado en el cliente es clave en un mundo donde la lealtad de los consumidores puede ser volátil, y donde las expectativas de servicio y experiencia están en constante aumento.

Por otro lado, la tecnología digital también facilita la colaboración y el trabajo remoto, factores que se han vuelto críticos en el contexto global actual. La transformación digital permite a las empresas mantener su productividad y adaptarse a circunstancias imprevistas, como crisis sanitarias o cambios en la economía global, minimizando interrupciones en sus operaciones. Las plataformas de colaboración en línea, el almacenamiento en la nube y las herramientas de gestión de proyectos han transformado el trabajo en una actividad más flexible y descentralizada, permitiendo a las organizaciones acceder a un talento más diverso y responder de forma rápida a los cambios en el entorno.

Además, en un contexto global marcado por la rapidez de los cambios y la volatilidad, la resiliencia se ha convertido en una prioridad empresarial. La transformación digital fortalece esta resiliencia al permitir a las organizaciones adaptarse a condiciones adversas, como crisis económicas o emergencias. Las empresas que ya han digitalizado sus procesos son más capaces de ajustar sus operaciones en tiempo real y están mejor posicionadas para responder a estos cambios, lo que les da una ventaja competitiva significativa. La transformación digital no solo mejora la capacidad de adaptación, sino que también abre la puerta a la innovación constante y al crecimiento en un mundo de rápidas disrupciones tecnológicas.

La transformación digital es esencial en el contexto de sostenibilidad y responsabilidad social, ya que la tecnología permite a las empresas optimizar sus recursos, reducir su huella de carbono y crear prácticas más sostenibles. La digitalización de los procesos reduce el uso de papel, optimiza el consumo de energía y permite una gestión más eficaz de los recursos, alineando a las empresas con las expectativas de una sociedad cada vez más consciente de los problemas ambientales y sociales.

La transformación digital no solo representa una ventaja competitiva, sino que es una necesidad fundamental para la supervivencia y el éxito a largo plazo de cualquier negocio. Integrar la tecnología en todos los niveles de la organización permite a las empresas responder a las expectativas cambiantes de los consumidores, adaptarse rápidamente a los cambios en el mercado, innovar continuamente y ser más eficientes y resilientes. En un mundo donde la tecnología sigue evolucionando a pasos agigantados, la transformación digital es la clave para construir un negocio sostenible, adaptado y preparado para enfrentar los desafíos del futuro.

• El costo de no adaptarse

El costo de no adaptarse a la transformación digital en el entorno empresarial actual puede ser devastador, afectando no solo la rentabilidad y la competitividad, sino también la sostenibilidad a largo plazo de una empresa. En un mundo donde la tecnología avanza a un ritmo sin precedentes y los consumidores se vuelven cada vez más exigentes, las organizaciones que no logran integrar nuevas herramientas y procesos digitales corren el riesgo de quedarse atrás y, en última instancia, desaparecer.

Uno de los costos más inmediatos de no adaptarse es la pérdida de competitividad. Las empresas que no implementan soluciones digitales pueden encontrar dificultades para ofrecer la misma eficiencia y calidad de servicio que sus competidores que sí lo han hecho. Esto no solo significa que podrían perder cuota de mercado, sino que también pueden ver cómo sus márgenes de beneficio se reducen al no poder aprovechar las eficiencias operativas que proporciona la tecnología. Por ejemplo, una empresa que aún utiliza procesos manuales para gestionar sus operaciones puede enfrentar tiempos de respuesta más lentos, errores en la gestión de datos y una mayor carga de trabajo para sus empleados. Esto no solo perjudica la satisfacción del cliente, sino que también puede generar una mala reputación en el mercado, afectando la lealtad del cliente a largo plazo.

Además, no adaptarse a las demandas del mercado digital puede resultar en un significativo costo de oportunidad. Las empresas que no utilizan datos y análisis para comprender mejor a sus clientes pueden perder la capacidad de anticipar sus necesidades y preferencias. Esto puede resultar en una falta de innovación en productos y servicios, lo que a su vez limita su capacidad para atraer y retener clientes. La incapacidad para personalizar ofertas o crear experiencias únicas para los consumidores puede llevar a la pérdida de relevancia en un mercado en constante evolución, donde la diferenciación es clave para el éxito.

El costo de no adaptarse también se refleja en la ineficiencia operativa. Las empresas que no digitalizan sus procesos tienden a operar de manera más lenta y con mayores costos operativos. El uso de sistemas anticuados no solo requiere más tiempo y recursos, sino que también puede resultar en una mayor exposición a errores y fraudes. Esto no solo impacta la rentabilidad, sino que también puede comprometer la integridad de la información y la seguridad de los datos, lo que podría dar lugar a sanciones legales y daños a la reputación. En un mundo donde la privacidad y la seguridad de los datos son prioritarios para los consumidores, cualquier brecha o fallo en la protección de la información puede tener repercusiones financieras y legales severas.

La falta de adaptación también puede limitar la capacidad de una empresa para atraer talento. Los empleados de hoy buscan trabajar en organizaciones que valoran la innovación y la tecnología. Las empresas que no implementan tecnologías modernas y no fomentan un entorno de trabajo digital y colaborativo pueden tener dificultades para atraer y retener talento. La falta de herramientas digitales efectivas puede resultar en una menor satisfacción laboral, mayor rotación de personal y, en última instancia, un deterioro en la cultura organizacional.

En términos de sostenibilidad a largo plazo, no adaptarse a la transformación digital puede conducir a la obsolescencia. La historia está llena de ejemplos de empresas que se resistieron al cambio y, como resultado, desaparecieron del mercado. Desde grandes cadenas de retail que no pudieron competir con la conveniencia del comercio electrónico hasta empresas de entretenimiento que no se adaptaron al consumo digital, el fracaso para abrazar la transformación digital puede ser un camino directo hacia la extinción. La evolución de los modelos de negocio y las dinámicas del mercado obliga a las organizaciones a reevaluar constantemente sus estrategias y prácticas. Ignorar esta necesidad puede resultar en una falta de visión estratégica y, eventualmente, en el colapso empresarial.

El costo de no adaptarse también puede manifestarse en términos de reputación y confianza. Los consumidores actuales valoran la agilidad y la transparencia, y esperan interacciones rápidas y sin fricciones con las marcas. Las empresas que no pueden cumplir con estas expectativas, debido a su resistencia al cambio digital, pueden ver afectada su reputación, resultando en una disminución de la confianza del consumidor. La pérdida de reputación puede tener efectos de largo alcance, impactando no solo las ventas inmediatas, sino también la percepción de la marca y su posicionamiento en el mercado.

El costo de no adaptarse a la transformación digital es significativo y multifacético. Las empresas que eligen ignorar esta realidad se arriesgan a perder competitividad, oportunidades de crecimiento y talento valioso, además de enfrentar ineficiencias operativas, desafíos legales y un impacto negativo en su reputación. En un entorno empresarial donde la agilidad y la innovación son esenciales, la adaptación a la transformación digital no es solo una opción; es una necesidad crítica para la supervivencia y el éxito a largo plazo.

Capítulo 1: Qué es la Transformación Digital

• Definición y conceptos clave

La transformación digital se refiere al proceso de integrar tecnologías digitales en todas las áreas de un negocio, cambiando fundamentalmente la forma en que operan y brindan valor a sus clientes. Este fenómeno no solo implica la adopción de herramientas y tecnologías digitales, sino también una re-evaluación de la cultura organizacional, los modelos de negocio y las estrategias. En su esencia, la transformación digital busca mejorar la eficiencia, optimizar la experiencia del cliente y facilitar la innovación continua, adaptándose a un entorno empresarial en constante evolución.

Uno de los conceptos clave en la transformación digital es la digitalización, que se refiere al proceso de convertir información analógica en un formato digital. Esto incluye, por ejemplo, la transformación de documentos en papel a archivos electrónicos. La digitalización es el primer paso hacia la transformación digital, ya que permite a las empresas acceder a datos y análisis en tiempo real, facilitando la toma de decisiones más informadas y ágiles.

Un concepto relacionado es la automatización, que implica el uso de tecnología para realizar tareas sin intervención humana. La automatización puede abarcar desde la simplificación de procesos internos hasta la implementación de sistemas de inteligencia artificial que pueden aprender y adaptarse a diferentes situaciones. Este enfoque no solo mejora la eficiencia operativa, sino que también libera a los empleados de tareas repetitivas, permitiéndoles centrarse en actividades más estratégicas y creativas.

El cambio cultural es otro aspecto fundamental de la transformación digital. Para que una organización implemente con éxito la transformación digital, debe adoptar una mentalidad abierta al cambio y fomentar una cultura que valore la innovación, la colaboración y el aprendizaje continuo. Esto implica empoderar a los empleados, fomentar la experimentación y aceptar el fracaso como parte del proceso de innovación. La cultura organizacional puede ser uno de los mayores obstáculos o uno de los mayores facilitadores en la transformación digital, dependiendo de cómo se gestione.

La experiencia del cliente es un concepto central en la transformación digital, ya que los negocios buscan no solo satisfacer, sino también anticipar y superar las expectativas de sus clientes. Esto implica el uso de tecnologías que permitan personalizar las interacciones, ofrecer un servicio al cliente más eficiente y crear experiencias más significativas y relevantes. La recopilación y análisis de datos sobre el comportamiento del cliente son fundamentales para comprender sus necesidades y adaptar las ofertas de manera proactiva.

La agilidad organizacional es otro término clave en este contexto. Se refiere a la capacidad de una empresa para adaptarse rápidamente a cambios en el mercado, a las demandas de los consumidores y a la competencia. Las organizaciones ágiles son aquellas que pueden iterar rápidamente en sus productos y servicios, responder a feedback del cliente y hacer ajustes estratégicos con eficacia. Esta agilidad es facilitada por el uso de metodologías de trabajo modernas, como Agile y Lean, que promueven la flexibilidad y la mejora continua.

El concepto de "ecosistema digital" se refiere a la red interconectada de plataformas, aplicaciones, proveedores y tecnologías que una empresa utiliza para operar. Este ecosistema incluye no solo a los propios recursos de la empresa, sino también a sus socios comerciales, clientes y proveedores. Comprender y gestionar este ecosistema es esencial para maximizar la efectividad de la transformación digital, ya que permite a las empresas colaborar y compartir información de manera más eficiente.

La transformación digital implica una serie de definiciones y conceptos clave que van más allá de la simple adopción de tecnología. Incluye la digitalización de procesos, la automatización de tareas, el cambio cultural, la mejora de la experiencia del cliente, la agilidad organizacional y la gestión de un ecosistema digital. Cada uno de estos elementos contribuye a crear un entorno empresarial más dinámico, resiliente y orientado hacia el futuro, permitiendo a las empresas no solo sobrevivir, sino prosperar en la era digital.

• Diferencia entre digitalización y transformación digital

La digitalización y la transformación digital son conceptos relacionados pero distintos, que a menudo se confunden debido a su interconexión en el contexto empresarial. Entender la diferencia entre ambos es crucial para que las organizaciones puedan implementar estrategias efectivas que les permitan adaptarse y prosperar en la era digital.

La digitalización se refiere al proceso de convertir información y procesos analógicos en formatos digitales. Este fenómeno implica el uso de tecnología para transformar datos físicos, como documentos en papel, a formatos electrónicos que pueden ser almacenados, gestionados y procesados por sistemas digitales. Por ejemplo, escanear un documento impreso para almacenarlo en una base de datos digital o utilizar hojas de cálculo en lugar de registros en papel son ejemplos de digitalización. El objetivo principal de la digitalización es mejorar la eficiencia operativa, facilitando el acceso y la gestión de información, así como la reducción de costos asociados con el almacenamiento físico y el manejo de documentos.

Por otro lado, la transformación digital es un concepto más amplio y profundo que abarca no solo la digitalización, sino también el impacto de la tecnología en todos los aspectos de una organización. La transformación digital implica la integración de tecnologías digitales en todos los niveles del negocio, lo que lleva a una re-evaluación y reinvención de los modelos de negocio, la cultura organizacional y la experiencia del cliente. En lugar de limitarse a la conversión de datos, la transformación digital busca un cambio fundamental en cómo opera la organización, cómo se relaciona con sus clientes y cómo se adapta a un entorno de mercado en constante evolución.

Mientras que la digitalización se centra en la mejora de procesos a través de la tecnología, la transformación digital tiene como objetivo un cambio estratégico en la forma en que una empresa crea y entrega valor. Esto incluye la adopción de nuevos modelos de negocio, la implementación de estrategias de datos para personalizar la experiencia del cliente y la promoción de una cultura que fomente la innovación y la agilidad. La transformación digital también implica la capacidad de una organización para adaptarse a los cambios del mercado, responder a las necesidades del consumidor y competir de manera efectiva en un mundo cada vez más digital.

Además, el enfoque de la digitalización es a menudo táctico y se enfoca en soluciones específicas, como la implementación de software o herramientas digitales para mejorar la eficiencia en áreas concretas. En contraste, la transformación digital es un enfoque estratégico a largo plazo que implica una visión holística de la organización. Requiere un liderazgo fuerte y un compromiso en todos los niveles de la empresa, así como la disposición a cambiar procesos, estructuras y mentalidades.

La digitalización es el primer paso hacia la transformación digital, al convertir procesos y datos en formatos digitales. Sin embargo, la transformación digital va más allá de esto, involucrando un cambio profundo en la cultura, la estrategia y el funcionamiento de la organización. Comprender esta diferencia es esencial para que las empresas no solo implementen tecnología de manera efectiva, sino que también aprovechen su potencial para transformar la forma en que operan y compiten en un entorno empresarial cada vez más digital.

Cómo la tecnología cambia la experiencia del cliente, los procesos y los modelos de negocio

La tecnología ha revolucionado la forma en que las empresas interactúan con sus clientes, gestionan sus procesos internos y desarrollan sus modelos de negocio. Este cambio ha sido impulsado por una serie de innovaciones tecnológicas que han facilitado la digitalización y la automatización, transformando el paisaje empresarial de maneras significativas. A continuación, se detallan las tres áreas clave donde la tecnología ha tenido un impacto transformador.

La experiencia del cliente ha sido una de las áreas más impactadas por la tecnología. Hoy en día, los consumidores tienen acceso a una vasta cantidad de información y opciones, lo que ha elevado sus expectativas en cuanto a personalización, rapidez y calidad del servicio. Las empresas están utilizando tecnologías como la inteligencia artificial (IA) y el análisis de datos para recopilar y analizar información sobre el comportamiento y las preferencias de los clientes. Esto les permite ofrecer experiencias más personalizadas, anticipándose a las necesidades de los consumidores antes de que estas surjan. Por ejemplo, las plataformas de comercio electrónico utilizan algoritmos de recomendación para sugerir productos que podrían interesar a los clientes basándose en sus compras anteriores y en el comportamiento de navegación.

Además, las herramientas de automatización del servicio al cliente, como los chatbots, han transformado la manera en que las empresas manejan las consultas y problemas de los clientes. Estos sistemas pueden responder preguntas frecuentes y resolver problemas básicos de forma instantánea, mejorando la eficiencia y reduciendo los tiempos de espera. La tecnología también ha permitido la implementación de canales multicanal, donde los clientes pueden interactuar con la empresa a través de diversas plataformas, como redes sociales, correos electrónicos y aplicaciones móviles, ofreciendo así una experiencia más fluida y conveniente.

En términos de procesos internos, la tecnología ha permitido a las empresas optimizar sus operaciones y aumentar la eficiencia. La automatización de tareas repetitivas y manuales ha liberado tiempo y recursos, permitiendo a los empleados enfocarse en actividades más estratégicas y creativas. Por ejemplo, las herramientas de gestión de proyectos basadas en la nube facilitan la colaboración entre equipos, independientemente de su ubicación geográfica, y permiten una mejor gestión del tiempo y de los recursos. Además, la implementación de sistemas de gestión empresarial (ERP) ayuda a integrar diferentes funciones de la empresa, como finanzas, recursos humanos y logística, en una única plataforma, lo que mejora la visibilidad y la toma de decisiones.

Los análisis de datos y el uso de tecnologías de big data también han transformado la forma en que las empresas gestionan sus procesos. Al recopilar y analizar grandes volúmenes de datos, las organizaciones pueden identificar patrones y tendencias que les permitan optimizar sus operaciones, mejorar la cadena de suministro y reducir costos. Esta capacidad de análisis también permite una toma de decisiones más informada y basada en datos, en lugar de depender de suposiciones o intuiciones.

En cuanto a los modelos de negocio, la tecnología ha abierto nuevas oportunidades y ha desafiado las estructuras tradicionales. Empresas emergentes y startups han surgido en diversas industrias, utilizando la tecnología para ofrecer soluciones innovadoras y disruptivas que compiten directamente con empresas establecidas. Por ejemplo, el modelo de negocio basado en suscripción ha ganado popularidad en sectores como el entretenimiento, la educación y el comercio, permitiendo a las empresas generar ingresos recurrentes y ofrecer un valor continuo a sus clientes.

Además, la digitalización ha permitido a las empresas explorar mercados globales de manera más accesible, eliminando barreras de entrada y facilitando el acceso a una audiencia más amplia. La implementación de plataformas digitales de venta y marketing ha permitido a empresas de todos los tamaños interactuar con consumidores de diferentes partes del mundo, expandiendo su alcance y potencial de crecimiento.

La tecnología está transformando la experiencia del cliente, los procesos internos y los modelos de negocio de maneras profundas e interconectadas. A medida que las empresas adoptan estas tecnologías y se adaptan a los cambios del entorno digital, tienen la oportunidad de no solo mejorar su eficiencia operativa y la satisfacción del cliente, sino también de reinventar sus modelos de negocio para mantenerse competitivas en un mercado en constante evolución. La capacidad de innovar y adaptarse a estas transformaciones tecnológicas se ha convertido en un factor crítico para el éxito empresarial en el mundo actual.

Capítulo 2: Diagnóstico Digital en Empresas Tradicionales

- ## Evaluación del estado digital de la empresa

Evaluar el estado digital de una empresa es un paso esencial en el proceso de transformación digital, ya que permite identificar áreas de mejora, oportunidades y riesgos. Esta evaluación implica un análisis exhaustivo de cómo se utilizan las tecnologías digitales dentro de la organización, cómo se gestionan los datos y qué impacto tienen en la experiencia del cliente y la eficiencia operativa. A continuación, se presentan los principales aspectos a considerar en esta evaluación.

Un componente fundamental en la evaluación del estado digital de una empresa es la infraestructura tecnológica existente. Esto incluye hardware, software y redes que soportan las operaciones diarias. Es importante revisar si la infraestructura actual es adecuada para las necesidades de la organización y si está alineada con los objetivos estratégicos. Esto puede implicar la evaluación de sistemas de gestión empresarial (ERP), herramientas de automatización, plataformas de comercio electrónico y soluciones de almacenamiento en la nube. También se debe considerar la escalabilidad de la infraestructura: si es capaz de adaptarse a un crecimiento futuro o si representa una limitación para la innovación y la expansión.

Otro aspecto crítico es la calidad y la gestión de los datos. La capacidad de recopilar, almacenar y analizar datos de manera efectiva es esencial para tomar decisiones informadas. Las empresas deben evaluar si están utilizando sistemas adecuados para la gestión de datos, si se están aplicando políticas de protección de datos y privacidad y si existe una cultura organizacional que valore la importancia de los datos. La calidad de los datos también debe ser evaluada, ya que datos inexactos o incompletos pueden llevar a decisiones erróneas y afectar negativamente a la experiencia del cliente.

La capacitación y habilidades digitales de los empleados son igualmente relevantes. La transformación digital no solo se trata de tecnología; también implica un cambio en la mentalidad y en las habilidades del personal. Es fundamental evaluar el nivel de competencia digital de los empleados y si están equipados para utilizar las herramientas y tecnologías implementadas. Esto puede implicar la realización de encuestas para medir el conocimiento digital y la disposición al cambio, así como la identificación de brechas en habilidades que necesitan ser abordadas a través de capacitación y desarrollo profesional.

La experiencia del cliente es otro pilar importante en esta evaluación. Las empresas deben analizar cómo utilizan la tecnología para interactuar con los clientes, desde la adquisición hasta el servicio post-venta. Esto incluye la revisión de los canales digitales utilizados, la efectividad de las herramientas de atención al cliente y la personalización de las ofertas. También se debe considerar la retroalimentación de los clientes, que puede proporcionar información valiosa sobre cómo perciben las interacciones digitales y qué mejoras son necesarias.

La cultura organizacional es un aspecto a menudo subestimado, pero crucial para el éxito de la transformación digital. Una cultura que fomente la innovación, la colaboración y la agilidad es esencial para adaptarse a los cambios en el entorno digital. La evaluación debe incluir un análisis de cómo se toman las decisiones, cómo se gestionan los equipos y si hay un liderazgo que apoye la transformación digital. Las organizaciones que promueven un entorno positivo para la experimentación y el aprendizaje continuo suelen tener más éxito en la adopción de nuevas tecnologías y en la implementación de cambios estratégicos.

Además, la alineación con la estrategia empresarial general es esencial. La evaluación debe considerar si la transformación digital está alineada con la visión y misión de la empresa, así como con sus objetivos a largo plazo. Esto implica una revisión de cómo las iniciativas digitales apoyan la propuesta de valor de la empresa y si hay una clara estrategia digital que guíe los esfuerzos de transformación.

Es importante considerar el entorno competitivo. Las empresas deben evaluar cómo se comparan con sus competidores en términos de capacidades digitales y qué tendencias emergentes podrían afectar su posición en el mercado. Un análisis de la competencia puede proporcionar información valiosa sobre las mejores prácticas y las oportunidades de diferenciación.

La evaluación del estado digital de una empresa es un proceso integral que abarca la infraestructura tecnológica, la gestión de datos, las habilidades del personal, la experiencia del cliente, la cultura organizacional, la alineación estratégica y el análisis del entorno competitivo. Este diagnóstico proporciona la base necesaria para desarrollar un plan de acción efectivo que impulse la transformación digital, permitiendo a la empresa no solo adaptarse a los cambios del entorno, sino también innovar y crecer en un mercado cada vez más digital.

• Identificación de áreas críticas: operativas, tecnológicas, de mercado y culturales

La identificación de áreas críticas en el contexto de la transformación digital es fundamental para que una empresa pueda abordar eficazmente sus debilidades y aprovechar sus fortalezas. Estas áreas pueden dividirse en cuatro categorías principales: operativas, tecnológicas, de mercado y culturales. A continuación, se exploran en detalle cada una de estas áreas y su relevancia en el proceso de transformación digital.

Las áreas operativas son fundamentales para la eficiencia y la efectividad de una organización. En esta categoría, se deben evaluar los procesos internos que forman la columna vertebral de las operaciones diarias. Esto incluye la cadena de suministro, la producción, la gestión de inventarios, la atención al cliente y otros procesos clave. La digitalización de estos procesos puede conducir a una mayor eficiencia, reducción de costos y mejora en la calidad del servicio. Identificar cuellos de botella, redundancias o ineficiencias permite a las empresas priorizar las áreas que requieren intervención inmediata. Por ejemplo, si un proceso de atención al cliente es lento y depende en gran medida de la interacción humana, puede ser necesario implementar tecnologías de automatización o chatbots para mejorar la respuesta y la satisfacción del cliente. Al abordar estas ineficiencias operativas, una empresa puede mejorar su competitividad y aumentar su agilidad en un entorno cambiante.

En el ámbito tecnológico, las empresas deben evaluar la infraestructura digital existente, así como las herramientas y plataformas utilizadas en sus operaciones. Esto implica un análisis exhaustivo de sistemas de gestión empresarial, plataformas de comercio electrónico, herramientas de colaboración y software de análisis de datos. La identificación de lagunas tecnológicas, obsolescencia de sistemas y la necesidad de actualizaciones son aspectos críticos que pueden influir en la capacidad de una empresa para innovar y adaptarse a las demandas del mercado. Además, la seguridad cibernética es un componente crucial en esta área, ya que el aumento de la digitalización también conlleva un mayor riesgo de amenazas y ataques. Las empresas deben asegurarse de contar con las herramientas y protocolos adecuados para proteger sus datos y los de sus clientes, lo que no solo es fundamental para la continuidad del negocio, sino también para mantener la confianza del cliente.

Las áreas de mercado se centran en el entorno externo de la empresa, incluidas las tendencias del consumidor, el comportamiento del mercado y la competencia. Identificar cambios en las preferencias del consumidor, así como nuevas oportunidades de mercado, es esencial para el éxito de cualquier estrategia de transformación digital. Por ejemplo, el auge del comercio electrónico y la creciente demanda de experiencias personalizadas han llevado a muchas empresas a reconsiderar su enfoque de ventas y marketing. Las empresas deben realizar análisis de mercado y estudios de tendencias para anticipar cambios y adaptarse a ellos. Esto puede incluir el uso de herramientas de análisis de datos para recopilar información sobre el comportamiento del consumidor y el rendimiento del mercado, así como la realización de encuestas y grupos focales para obtener información cualitativa. Además, la identificación de competidores emergentes y de las mejores prácticas del sector puede ofrecer perspectivas valiosas sobre cómo diferenciarse en el mercado.

Las áreas culturales son igualmente críticas en el contexto de la transformación digital. La cultura organizacional influye en la disposición de los empleados para adoptar nuevas tecnologías y participar en iniciativas de cambio. Identificar aspectos culturales que pueden obstaculizar la transformación, como la resistencia al cambio, la falta de colaboración o la escasez de habilidades digitales, es esencial para facilitar un entorno propicio para la innovación. Las empresas deben evaluar la comunicación interna, el liderazgo y las políticas de recursos humanos para garantizar que están fomentando una cultura que valore la innovación, la experimentación y la adaptabilidad. Esto puede implicar la implementación de programas de formación en habilidades digitales, la promoción de un liderazgo inclusivo y colaborativo, y la creación de espacios para la innovación donde los empleados se sientan cómodos compartiendo ideas y experimentando con nuevas soluciones.

La identificación de áreas críticas en las dimensiones operativas, tecnológicas, de mercado y culturales es un componente esencial del proceso de transformación digital. Este análisis proporciona a las empresas la información necesaria para priorizar acciones, asignar recursos de manera efectiva y desarrollar una estrategia de transformación que aborde sus desafíos específicos y aproveche las oportunidades en el entorno digital. Al centrar la atención en estas áreas clave, las organizaciones pueden posicionarse para innovar, adaptarse y prosperar en un mercado cada vez más competitivo y dinámico.

• Herramientas de análisis y evaluación de madurez digital

La evaluación de la madurez digital de una empresa es un proceso crítico que permite identificar el nivel de preparación y desarrollo digital en distintas áreas organizativas. Para llevar a cabo esta evaluación de manera efectiva, existen diversas herramientas y marcos de análisis que las empresas pueden utilizar. Estas herramientas ofrecen un enfoque estructurado para medir la madurez digital y ayudan a las organizaciones a identificar áreas de mejora y a establecer un camino claro hacia la transformación digital.

Una de las herramientas más utilizadas para evaluar la madurez digital es el **Marco de Madurez Digital**. Este marco se basa en una serie de dimensiones que abarcan aspectos clave del negocio, como la estrategia digital, la cultura organizacional, la experiencia del cliente, las capacidades tecnológicas y los procesos operativos. A través de un conjunto de preguntas o métricas específicas, las empresas pueden puntuar su desempeño en cada dimensión y determinar en qué nivel de madurez se encuentran. Estos niveles suelen variar desde una etapa inicial, donde las capacidades digitales son limitadas, hasta un nivel avanzado, donde la organización está completamente integrada digitalmente y utiliza tecnologías avanzadas para impulsar la innovación y la eficiencia.

Otra herramienta valiosa es el **Modelo de Capacidad de Transformación Digital**. Este modelo se centra en evaluar las capacidades tecnológicas y organizacionales necesarias para llevar a cabo una transformación digital exitosa. Al evaluar áreas como la infraestructura tecnológica, la gestión de datos, la innovación y la agilidad organizacional, las empresas pueden obtener una visión clara de sus fortalezas y debilidades. Además, este modelo puede incluir un análisis de las competencias digitales de los empleados, lo que permite identificar necesidades de capacitación y desarrollo para apoyar la transformación.

El uso de **diagnósticos de madurez digital** es otra estrategia efectiva. Estos diagnósticos son herramientas en línea que permiten a las empresas autoevaluarse mediante cuestionarios que cubren diversas áreas de la digitalización. Al completar el cuestionario, las organizaciones reciben un informe que detalla su nivel de madurez y sugiere áreas específicas para la mejora. Estos diagnósticos son especialmente útiles para empresas que buscan una evaluación rápida y accesible de su estado digital.

Además, existen plataformas de **análisis de datos** que pueden ayudar a las empresas a evaluar su madurez digital a través de métricas específicas. Estas plataformas pueden recopilar y analizar datos sobre el uso de tecnologías digitales, el rendimiento de las iniciativas digitales y el comportamiento del cliente. Al proporcionar información basada en datos, estas herramientas permiten a las empresas tomar decisiones informadas sobre dónde invertir y cómo avanzar en su transformación digital.

Las **encuestas de empleados** también son una herramienta útil en la evaluación de la madurez digital. A través de encuestas bien diseñadas, las organizaciones pueden recopilar información sobre cómo los empleados perciben la cultura digital, su disposición para adoptar nuevas tecnologías y su nivel de competencia digital. Esta retroalimentación es esencial para comprender la perspectiva interna de la empresa y puede ayudar a identificar resistencias al cambio y áreas donde se necesita mayor formación o apoyo.

El uso de **consultorías externas** y expertos en transformación digital puede proporcionar una evaluación objetiva y experta del estado digital de una empresa. Estas consultorías suelen tener metodologías y herramientas establecidas para realizar diagnósticos de madurez digital y pueden ofrecer una visión imparcial sobre las áreas que requieren atención. Trabajar con un consultor puede ser especialmente valioso para empresas que no cuentan con los recursos internos necesarios para realizar una evaluación exhaustiva.

La evaluación de la madurez digital de una empresa es un proceso esencial para entender su nivel de preparación para la transformación digital. Al utilizar herramientas como marcos de madurez digital, modelos de capacidad de transformación, diagnósticos en línea, plataformas de análisis de datos, encuestas de empleados y consultorías externas, las organizaciones pueden obtener una comprensión profunda de su estado digital. Esta información no solo permite identificar áreas críticas que requieren mejora, sino que también ayuda a establecer un camino claro hacia la innovación y la adaptación en un entorno empresarial cada vez más digitalizado.

Capítulo 3: Beneficios de la Transformación Digital

• Mejora de la eficiencia operativa

La mejora de la eficiencia operativa es un componente clave de la transformación digital y tiene un impacto significativo en la competitividad y sostenibilidad de un negocio. En un entorno empresarial cada vez más dinámico, donde la rapidez y la adaptabilidad son esenciales, las empresas deben buscar continuamente formas de optimizar sus operaciones. La transformación digital ofrece una serie de herramientas y estrategias que permiten a las organizaciones aumentar su eficiencia operativa, reducir costos y mejorar la calidad de sus productos y servicios.

Una de las formas más efectivas de mejorar la eficiencia operativa es a través de la **automatización de procesos**. La automatización permite a las empresas reducir la carga de trabajo manual, disminuir errores y acelerar los tiempos de respuesta. Las tecnologías como la Robotic Process Automation (RPA) pueden automatizar tareas repetitivas y basadas en reglas, liberando así a los empleados para que se concentren en actividades de mayor valor que requieren pensamiento crítico y creatividad. Por ejemplo, en el ámbito de la contabilidad, la automatización puede gestionar tareas como la conciliación bancaria o la generación de informes financieros, lo que permite a los contadores dedicar más tiempo a análisis estratégicos y toma de decisiones.

La **implementación de sistemas de gestión de datos** es otro aspecto clave en la mejora de la eficiencia operativa. Las empresas pueden aprovechar herramientas de análisis de datos para recopilar y analizar información sobre sus operaciones, lo que les permite identificar ineficiencias y cuellos de botella en tiempo real. Por ejemplo, un sistema de gestión de inventarios puede proporcionar datos sobre los niveles de existencias, el rendimiento de ventas y las tendencias del mercado, permitiendo a las empresas optimizar sus niveles de inventario y minimizar costos asociados con el exceso de stock o la falta de productos. La capacidad de tomar decisiones basadas en datos en lugar de suposiciones permite a las organizaciones ser más ágiles y reactivas a las condiciones cambiantes del mercado.

La **digitalización de la comunicación interna y la colaboración** también contribuye significativamente a la eficiencia operativa. Las herramientas digitales, como plataformas de gestión de proyectos, software de colaboración y aplicaciones de mensajería instantánea, facilitan la comunicación entre equipos y departamentos. Esto no solo mejora la transparencia y la alineación entre los colaboradores, sino que también acelera el flujo de información. Cuando los equipos pueden compartir actualizaciones y colaborar en tiempo real, las decisiones se toman más rápidamente, lo que resulta en una respuesta más ágil a las necesidades del mercado y a las demandas del cliente.

Además, la **optimización de la cadena de suministro** mediante el uso de tecnología digital puede tener un impacto directo en la eficiencia operativa. Las empresas pueden implementar soluciones de gestión de la cadena de suministro que integren datos en tiempo real de proveedores, distribuidores y clientes. Esto permite una mayor visibilidad y control sobre el proceso de suministro, lo que facilita la identificación de oportunidades para reducir costos, mejorar los tiempos de entrega y gestionar mejor los riesgos. Por ejemplo, la utilización de tecnologías como el Internet de las Cosas (IoT) puede permitir a las empresas rastrear el estado de los envíos en tiempo real, anticipando problemas y respondiendo de manera proactiva a cualquier interrupción.

El **mejoramiento continuo** también es un enfoque crucial para la eficiencia operativa. Las empresas deben fomentar una cultura que valore la retroalimentación y la innovación en todos los niveles. La implementación de metodologías como Lean y Six Sigma puede ayudar a identificar y eliminar desperdicios en los procesos, lo que resulta en una mayor eficiencia. Estas metodologías promueven la participación activa de los empleados en la identificación de problemas y en la búsqueda de soluciones, lo que no solo mejora la eficiencia operativa, sino que también aumenta el compromiso y la moral del equipo.

La capacitación y el desarrollo de habilidades del personal son vitales para asegurar que la transformación digital tenga un impacto positivo en la eficiencia operativa. A medida que las empresas implementan nuevas tecnologías y procesos, es crucial que sus empleados cuenten con las habilidades necesarias para utilizar estas herramientas de manera efectiva. Invertir en formación continua y en el desarrollo de habilidades digitales garantiza que el personal esté preparado para adaptarse a los cambios y maximizar el potencial de las nuevas tecnologías.

La mejora de la eficiencia operativa es un objetivo fundamental en el proceso de transformación digital de cualquier negocio. A través de la automatización de procesos, la implementación de sistemas de gestión de datos, la optimización de la comunicación interna, la mejora de la cadena de suministro, la adopción de prácticas de mejoramiento continuo y la capacitación del personal, las empresas pueden aumentar significativamente su eficiencia, reducir costos y ofrecer un mejor servicio al cliente. En un entorno empresarial donde la competencia es feroz y las demandas del cliente están en constante evolución, la capacidad de una empresa para operar de manera eficiente no solo es una ventaja competitiva, sino una necesidad para garantizar su sostenibilidad y éxito a largo plazo.

• Personalización de la experiencia del cliente

La personalización de la experiencia del cliente se ha convertido en un imperativo estratégico para las empresas que buscan destacar en un mercado cada vez más competitivo. A medida que la transformación digital avanza, los consumidores esperan interacciones más relevantes, significativas y adaptadas a sus necesidades individuales. La capacidad de una empresa para ofrecer experiencias personalizadas no solo mejora la satisfacción del cliente, sino que también fomenta la lealtad, impulsa las ventas y mejora la reputación de la marca.

La personalización comienza con la **comprensión profunda del cliente**. Esto implica recopilar y analizar datos sobre el comportamiento del cliente, sus preferencias y sus necesidades. Las empresas pueden aprovechar tecnologías como el análisis de big data y la inteligencia artificial para segmentar a sus clientes en grupos específicos y generar perfiles detallados. Por ejemplo, mediante el análisis de patrones de compra, las empresas pueden identificar qué productos son más relevantes para diferentes segmentos de su base de clientes. Esta información no solo permite a las empresas anticipar las necesidades del cliente, sino que también les ayuda a crear ofertas y recomendaciones personalizadas que resuenan con sus intereses.

Una vez que se ha comprendido al cliente, las empresas pueden utilizar **tecnologías digitales** para implementar la personalización en sus interacciones. Las plataformas de gestión de relaciones con el cliente (CRM) son fundamentales en este proceso, ya que permiten a las empresas centralizar la información del cliente y gestionar las interacciones a lo largo de todo el ciclo de vida del cliente. Las soluciones CRM modernas ofrecen capacidades avanzadas, como la automatización de marketing y la personalización de contenido en tiempo real, lo que permite a las empresas enviar mensajes y ofertas relevantes en el momento adecuado. Por ejemplo, un minorista en línea puede utilizar la información de navegación y compra del cliente para enviar recomendaciones personalizadas de productos, aumentando la probabilidad de conversión.

La **personalización también se extiende al servicio al cliente**. Las empresas pueden utilizar chatbots y asistentes virtuales para ofrecer soporte personalizado las 24 horas del día, los 7 días de la semana. Estos sistemas pueden responder a preguntas frecuentes, resolver problemas comunes y dirigir a los clientes a los recursos apropiados, todo mientras aprenden de las interacciones para mejorar con el tiempo. Además, al utilizar el historial de interacciones de un cliente, un agente de servicio al cliente puede ofrecer una experiencia más fluida y personalizada, abordando al cliente por su nombre y teniendo en cuenta sus preferencias y problemas anteriores.

La creación de una experiencia de cliente **omnicanal** también es crucial para la personalización. Los consumidores interactúan con las marcas a través de múltiples canales, incluidos sitios web, aplicaciones móviles, redes sociales y tiendas físicas. Para ofrecer una experiencia personalizada y coherente, las empresas deben integrar estos canales y permitir que la información del cliente fluya sin problemas entre ellos. Esto significa que un cliente que inicia una conversación en línea debería poder continuarla en una tienda física sin tener que repetir su consulta. Esta coherencia no solo mejora la experiencia del cliente, sino que también crea una percepción positiva de la marca.

La **personalización del contenido** es otra estrategia efectiva. Las empresas pueden adaptar el contenido de sus sitios web, correos electrónicos y campañas de marketing para que se alineen con las preferencias individuales de los clientes. Por ejemplo, un servicio de streaming puede utilizar algoritmos para sugerir programas o películas basadas en el historial de visualización del usuario. Esta personalización del contenido no solo aumenta la satisfacción del cliente al facilitarle encontrar lo que le interesa, sino que también puede aumentar el tiempo de uso y la retención.

La recopilación de retroalimentación del cliente es esencial para la mejora continua de la personalización. Las empresas deben establecer mecanismos para recoger opiniones y evaluar la efectividad de sus esfuerzos de personalización. Las encuestas, los grupos focales y el análisis de comentarios en redes sociales son herramientas útiles para comprender cómo perciben los clientes la experiencia personalizada. Esta retroalimentación proporciona información valiosa que las empresas pueden utilizar para ajustar sus estrategias y mejorar la personalización de la experiencia del cliente.

A medida que las empresas avanzan hacia la personalización, es vital considerar **las preocupaciones sobre la privacidad y la seguridad de los datos**. Los consumidores son cada vez más conscientes de cómo se recopila y utiliza su información personal. Las empresas deben ser transparentes sobre sus prácticas de datos y asegurarse de que los clientes tengan control sobre la información que comparten. Implementar políticas de privacidad claras y robustas no solo ayuda a generar confianza, sino que también es un requisito legal en muchas jurisdicciones.

La personalización de la experiencia del cliente es un componente esencial de la transformación digital y una estrategia clave para las empresas que buscan diferenciarse en el mercado actual. Al comprender las necesidades y preferencias de sus clientes, utilizar tecnologías digitales para ofrecer interacciones personalizadas, integrar canales y recopilar retroalimentación, las empresas pueden crear experiencias significativas que no solo satisfacen a sus clientes, sino que también fomentan la lealtad y el crecimiento a largo plazo. A medida que la tecnología continúa avanzando, la personalización seguirá evolucionando, y las empresas que adopten esta tendencia estarán mejor posicionadas para prosperar en un entorno empresarial cada vez más competitivo.

• Expansión del alcance de mercado y creación de nuevos canales de ingresos

La expansión del alcance de mercado y la creación de nuevos canales de ingresos son dos de los objetivos más estratégicos que las empresas persiguen a través de la transformación digital. En un entorno empresarial en constante evolución, donde las expectativas de los consumidores cambian rápidamente y la competencia se intensifica, estas estrategias se han vuelto esenciales para asegurar la sostenibilidad y el crecimiento a largo plazo de las organizaciones.

La **expansión del alcance de mercado** implica la identificación y el acceso a nuevos segmentos de clientes que antes podrían haber estado fuera del radar de la empresa. La transformación digital facilita este proceso al proporcionar herramientas y tecnologías que permiten una mejor segmentación y análisis de los consumidores. Las empresas pueden utilizar datos y análisis avanzados para identificar patrones de comportamiento y preferencias de los clientes, lo que les permite adaptar sus productos y servicios a las necesidades de estos nuevos segmentos. Por ejemplo, una empresa que tradicionalmente ha operado en un mercado local puede utilizar estrategias digitales, como el comercio electrónico y el marketing en redes sociales, para alcanzar clientes en diferentes regiones geográficas o incluso en mercados internacionales.

Además, las plataformas digitales permiten a las empresas realizar **campañas de marketing más dirigidas** y efectivas. A través de la publicidad en línea y el uso de redes sociales, las empresas pueden llegar a audiencias específicas con mensajes personalizados, aumentando la posibilidad de conversión. La capacidad de medir y analizar el rendimiento de estas campañas en tiempo real permite a las organizaciones ajustar sus estrategias de marketing para maximizar el impacto y optimizar el retorno de inversión.

La **creación de nuevos canales de ingresos** es otra dimensión crucial de la transformación digital. Esto se refiere a la identificación de oportunidades para diversificar las fuentes de ingresos de la empresa. La digitalización permite a las empresas innovar en su oferta de productos y servicios, así como en la forma en que se entregan. Por ejemplo, un fabricante tradicional puede explorar modelos de negocio basados en suscripción, donde los clientes pagan una tarifa recurrente por acceso a productos o servicios en lugar de realizar compras únicas. Este enfoque no solo proporciona un flujo de ingresos más predecible, sino que también fomenta la lealtad del cliente a largo plazo.

Las empresas también pueden aprovechar la digitalización para **desarrollar nuevas líneas de productos** que complementen su oferta existente. Utilizando tecnologías emergentes, como la inteligencia artificial y el análisis de datos, pueden identificar tendencias y demandas de los consumidores que pueden no ser evidentes a simple vista. Por ejemplo, un retailer que se especializa en ropa puede comenzar a ofrecer accesorios personalizados o productos de cuidado para la ropa, aumentando así su capacidad de satisfacer diversas necesidades del cliente y expandiendo su mercado.

La digitalización también permite a las empresas explorar **nuevos modelos de negocio**, como el comercio electrónico, que ha revolucionado la forma en que los consumidores compran. Las empresas que implementan plataformas de comercio electrónico no solo pueden alcanzar a un público más amplio, sino que también pueden ofrecer una experiencia de compra más conveniente y personalizada. Esto puede incluir características como recomendaciones personalizadas basadas en el historial de compras del cliente, reseñas y comentarios, así como opciones de pago flexibles y envío rápido.

La colaboración y las alianzas estratégicas son otro enfoque clave para la expansión del alcance de mercado y la creación de nuevos canales de ingresos. A través de asociaciones con otras empresas, organizaciones o incluso plataformas digitales, las empresas pueden acceder a nuevos clientes y mercados de manera más efectiva. Por ejemplo, una pequeña empresa puede asociarse con un influencer en redes sociales para promocionar sus productos, lo que le permite llegar a una audiencia más amplia y aumentar su visibilidad en el mercado.

Además, las empresas deben prestar atención a la **experiencia del cliente** en la creación de nuevos canales de ingresos. La transformación digital no solo se trata de tecnología, sino de entender cómo los clientes interactúan con la marca en diferentes puntos de contacto. La personalización y la atención al cliente son elementos fundamentales para asegurar que los nuevos canales de ingresos sean atractivos y efectivos. Las empresas que se centran en mejorar la experiencia del cliente a través de la innovación y la atención al detalle son más propensas a tener éxito en sus esfuerzos de expansión.

Es fundamental que las empresas evalúen y midan el rendimiento de sus esfuerzos en la expansión del alcance de mercado y la creación de nuevos canales de ingresos. Esto implica establecer métricas claras para evaluar el éxito de las estrategias implementadas y realizar ajustes basados en datos y resultados reales. La analítica de datos puede proporcionar información valiosa sobre qué estrategias están funcionando y cuáles necesitan ser refinadas.

La expansión del alcance de mercado y la creación de nuevos canales de ingresos son componentes esenciales de la transformación digital en los negocios modernos. A través del uso de tecnologías digitales, las empresas pueden identificar y acceder a nuevos segmentos de clientes, diversificar sus fuentes de ingresos y adaptarse a las cambiantes demandas del mercado. Al hacerlo, no solo pueden asegurar su sostenibilidad y crecimiento, sino también posicionarse favorablemente en un entorno empresarial cada vez más competitivo y dinámico.

• Aumento de la competitividad y adaptación al cambio

El aumento de la competitividad y la adaptación al cambio son dos aspectos interrelacionados que se han convertido en pilares fundamentales para la supervivencia y el crecimiento de los negocios en la era digital. La transformación digital no solo permite a las empresas optimizar sus operaciones y mejorar la experiencia del cliente, sino que también les ofrece la capacidad de adaptarse rápidamente a las fluctuaciones del mercado y a las demandas cambiantes de los consumidores. A medida que la tecnología avanza y las expectativas de los clientes evolucionan, las organizaciones deben estar dispuestas a reinventarse y buscar constantemente nuevas maneras de mantenerse relevantes en un entorno cada vez más competitivo.

El **aumento de la competitividad** se manifiesta de múltiples formas. En primer lugar, las empresas que adoptan tecnologías digitales pueden mejorar su eficiencia operativa y reducir costos. Esto les permite ofrecer precios más competitivos sin sacrificar la calidad, lo que resulta en una ventaja significativa en comparación con aquellas que aún operan con métodos tradicionales. Además, las herramientas digitales proporcionan datos en tiempo real que permiten a las empresas realizar un análisis exhaustivo de su rendimiento, identificar áreas de mejora y tomar decisiones informadas para optimizar sus procesos. La capacidad de adaptarse rápidamente a las tendencias del mercado y a las necesidades del cliente es una ventaja competitiva clave que puede marcar la diferencia entre el éxito y el fracaso.

La **adaptación al cambio** es igualmente crítica en el contexto actual. Los negocios enfrentan un entorno en constante evolución, caracterizado por la rápida introducción de nuevas tecnologías, cambios en las regulaciones y un panorama económico que fluctúa. Las empresas que no logran adaptarse a estas circunstancias corren el riesgo de quedarse atrás. La transformación digital ofrece las herramientas necesarias para gestionar el cambio de manera efectiva, permitiendo a las organizaciones ajustar sus estrategias y operaciones en función de la situación del mercado. Por ejemplo, las empresas pueden utilizar plataformas de análisis de datos para anticipar tendencias emergentes y ajustar su oferta de productos y servicios en consecuencia. Esta agilidad no solo ayuda a mantener la competitividad, sino que también permite a las empresas innovar y encontrar nuevas oportunidades en medio de la incertidumbre.

Además, la transformación digital fomenta una **cultura organizacional de innovación y flexibilidad**. Las empresas que adoptan una mentalidad abierta al cambio y promueven la creatividad entre sus empleados son más propensas a desarrollar soluciones innovadoras y a responder eficazmente a las nuevas demandas del mercado. Esta cultura de innovación se convierte en un activo invaluable que impulsa la competitividad, ya que permite a la organización evolucionar y adaptarse continuamente a las expectativas de los consumidores y a los movimientos de la competencia.

La **tecnología** juega un papel crucial en este proceso de adaptación. Las herramientas digitales, como la inteligencia artificial, el análisis de big data y el internet de las cosas (IoT), permiten a las empresas recoger y analizar grandes volúmenes de información sobre el comportamiento de los clientes y las tendencias del mercado. Esta información es vital para tomar decisiones estratégicas y para ajustar las ofertas comerciales en tiempo real. Por ejemplo, una empresa de retail puede utilizar datos de ventas y comportamiento del cliente para optimizar su inventario, personalizar sus campañas de marketing y mejorar la experiencia de compra, lo que, a su vez, aumenta su competitividad en el mercado.

Además, la adaptabilidad también se manifiesta en la capacidad de las empresas para explorar y adoptar nuevos modelos de negocio. La transformación digital abre la puerta a innovaciones como el comercio electrónico, las plataformas de servicio y la economía colaborativa, que ofrecen nuevas formas de interactuar con los clientes y de generar ingresos. Las empresas que son capaces de explorar estas nuevas oportunidades y de integrar estos modelos en su estrategia general son las que estarán mejor posicionadas para prosperar en un entorno competitivo.

Es esencial que las empresas desarrollen **estrategias de gestión del cambio** que les permitan navegar por el proceso de transformación digital de manera efectiva. Esto incluye involucrar a todos los niveles de la organización en la creación de una visión clara del futuro y en la identificación de las habilidades necesarias para llevar a cabo el cambio. La capacitación continua y el desarrollo de habilidades son vitales para asegurar que los empleados estén preparados para adoptar nuevas tecnologías y adaptarse a nuevas formas de trabajar.

El aumento de la competitividad y la adaptación al cambio son componentes esenciales de la transformación digital en los negocios contemporáneos. A medida que el entorno empresarial se vuelve más dinámico y complejo, las organizaciones que adopten la tecnología y fomenten una cultura de innovación estarán mejor equipadas para enfrentar los desafíos del futuro. La capacidad de adaptarse rápidamente a las cambiantes condiciones del mercado y de anticipar las necesidades de los clientes no solo es fundamental para la supervivencia, sino que también es un factor clave para el éxito y el crecimiento sostenible de cualquier negocio.

Capítulo 4: Estrategias Digitales para Negocios Tradicionales

- ## Diseño de una estrategia digital adaptada a las necesidades y capacidades de la empresa

El diseño de una estrategia digital adaptada a las necesidades y capacidades de una empresa es un proceso fundamental para garantizar que la transformación digital no solo sea exitosa, sino también sostenible a largo plazo. Este enfoque requiere un análisis profundo de la situación actual de la empresa, una clara definición de objetivos y la identificación de las herramientas y recursos necesarios para alcanzar esos objetivos. La estrategia digital debe alinearse con la visión general de la empresa, integrándose a su cultura y estructura organizacional.

Para comenzar, es crucial realizar un **diagnóstico interno** que evalúe el estado actual de la empresa en términos de digitalización. Esto implica analizar los procesos operativos existentes, la infraestructura tecnológica, la experiencia del cliente y las competencias digitales del personal. Se debe considerar el nivel de madurez digital de la organización, identificando fortalezas y debilidades. Las empresas que cuentan con una infraestructura tecnológica sólida y empleados capacitados estarán en una mejor posición para implementar cambios significativos. Asimismo, es fundamental recoger datos sobre las expectativas y necesidades de los clientes, lo que permitirá a la empresa adaptar su oferta a la demanda del mercado.

Una vez realizado el diagnóstico, el siguiente paso es **definir los objetivos estratégicos** que la empresa desea alcanzar con su transformación digital. Estos objetivos deben ser específicos, medibles, alcanzables, relevantes y limitados en el tiempo (SMART). Por ejemplo, una empresa puede establecer como objetivo aumentar sus ventas en un 20% a través del canal digital en un plazo de un año. La definición clara de objetivos proporciona un marco para la toma de decisiones y permite medir el progreso de la estrategia digital.

Con los objetivos claros, se debe proceder a **identificar las herramientas y tecnologías** que facilitarán la transformación digital. Esto incluye seleccionar plataformas de gestión de relaciones con clientes (CRM), sistemas de análisis de datos, soluciones de automatización de marketing y herramientas de colaboración digital. Es esencial elegir tecnologías que se alineen con las necesidades de la empresa y que sean escalables, para que puedan adaptarse a los futuros requerimientos. Además, es recomendable involucrar a los empleados en la selección de herramientas, ya que su experiencia y conocimiento sobre las operaciones diarias son valiosos para elegir las soluciones más adecuadas.

A continuación, se debe desarrollar un **plan de implementación** que detalle las etapas y acciones específicas necesarias para llevar a cabo la estrategia digital. Este plan debe incluir un cronograma, asignación de recursos y roles y responsabilidades para los miembros del equipo. Es fundamental establecer un enfoque incremental, permitiendo que la empresa realice cambios gradualmente, lo que facilitará la gestión del cambio y reducirá la resistencia interna.

El **compromiso del liderazgo** es otro aspecto crucial en el diseño de una estrategia digital. Los líderes de la organización deben demostrar su apoyo a la transformación digital, comunicando su importancia a todos los niveles de la empresa. Esto implica promover una cultura organizacional que valore la innovación, la colaboración y el aprendizaje continuo. La formación y el desarrollo de habilidades digitales son esenciales para preparar a los empleados para los nuevos desafíos y asegurar que estén equipados con las competencias necesarias para operar en un entorno digital.

La **medición y evaluación del progreso** también es fundamental en el diseño de la estrategia digital. Se deben establecer indicadores clave de rendimiento (KPI) que permitan evaluar el éxito de la implementación. Estos KPI pueden incluir métricas de ventas, satisfacción del cliente, eficiencia operativa y adopción de tecnología. La monitorización continua de estos indicadores proporciona información valiosa sobre el rendimiento de la estrategia y permite realizar ajustes en tiempo real.

Un aspecto a considerar en la estrategia digital es la **personalización**. Las empresas deben utilizar datos y análisis para crear experiencias más relevantes y personalizadas para sus clientes. Esto implica comprender el comportamiento del cliente, sus preferencias y sus necesidades específicas. La personalización no solo mejora la satisfacción del cliente, sino que también puede conducir a un aumento en las tasas de conversión y en la fidelización.

El diseño de una estrategia digital adaptada debe contemplar un enfoque en la **sostenibilidad**. Las empresas que integran prácticas sostenibles en su transformación digital no solo mejoran su imagen de marca, sino que también pueden identificar nuevas oportunidades de negocio. Esto incluye adoptar tecnologías que reduzcan el impacto ambiental y fomentar un comportamiento responsable entre los empleados y clientes.

El diseño de una estrategia digital adaptada a las necesidades y capacidades de la empresa es un proceso que implica un diagnóstico exhaustivo, la definición de objetivos claros, la selección de herramientas adecuadas, un plan de implementación estructurado y un compromiso firme por parte del liderazgo. Al centrarse en la medición del progreso y la personalización de la experiencia del cliente, las empresas pueden garantizar que su transformación digital no solo sea efectiva, sino que también se alinee con su visión y valores a largo plazo.

• Planificación a corto, medio y largo plazo

La planificación a corto, medio y largo plazo en el contexto de la transformación digital es crucial para garantizar que las empresas puedan navegar con éxito por el proceso de cambio y adaptación. Cada uno de estos plazos tiene características y objetivos específicos que permiten a la organización avanzar de manera estructurada y efectiva hacia sus metas digitales.

La planificación a corto plazo se enfoca en acciones inmediatas y tácticas que deben llevarse a cabo en un marco de tiempo de meses, generalmente de seis meses a un año. En esta fase, las empresas deben identificar las oportunidades más inmediatas de mejora digital y establecer iniciativas concretas que pueden implementarse rápidamente. Esto puede incluir la adopción de nuevas herramientas tecnológicas, la capacitación del personal en competencias digitales básicas y la optimización de procesos existentes mediante la digitalización. Por ejemplo, una empresa puede decidir implementar un sistema de gestión de relaciones con clientes (CRM) para mejorar la comunicación con sus clientes y aumentar la eficiencia del servicio al cliente. Las metas a corto plazo deben ser específicas, medibles y alcanzables, permitiendo que la organización evalúe su progreso de manera constante.

La planificación a medio plazo abarca un horizonte de tiempo que va de uno a tres años. Durante esta fase, las empresas deben comenzar a consolidar los cambios introducidos en el corto plazo y explorar nuevas oportunidades para expandir su capacidad digital. Esto puede incluir la implementación de estrategias más complejas, como la integración de múltiples plataformas digitales, el desarrollo de canales de venta en línea, y la creación de contenido digital personalizado para mejorar la experiencia del cliente. En esta etapa, es importante realizar un análisis continuo de los resultados obtenidos a corto plazo y ajustar las estrategias según sea necesario. Las empresas también deben comenzar a pensar en la creación de una cultura organizacional que valore la innovación y el aprendizaje continuo, lo que facilitará la adaptación a los cambios futuros.

La planificación a largo plazo se refiere a un horizonte temporal que se extiende más allá de tres años. En este contexto, las empresas deben establecer una visión clara de cómo la transformación digital se integra en su estrategia general. Esto implica pensar en el futuro de la industria y cómo la tecnología continuará evolucionando. Las organizaciones deben considerar cómo pueden ser competitivas en un entorno cada vez más digital y cómo la innovación continua puede ayudarles a diferenciarse en el mercado. Esto puede incluir la inversión en investigación y desarrollo, la exploración de nuevas tecnologías emergentes y la creación de alianzas estratégicas con empresas tecnológicas. La planificación a largo plazo también debe contemplar la sostenibilidad y cómo las prácticas digitales pueden alinearse con un enfoque responsable y consciente del medio ambiente.

Un aspecto fundamental en la planificación a todos los niveles es la **adaptabilidad**. Las empresas deben estar preparadas para ajustar sus planes en respuesta a cambios en el mercado, nuevas tendencias tecnológicas y las necesidades cambiantes de los clientes. Esta flexibilidad asegura que las organizaciones no solo implementen su transformación digital de manera efectiva, sino que también puedan evolucionar a medida que el panorama empresarial y tecnológico cambia.

La **comunicación** y la **colaboración** son esenciales en cada fase de la planificación. Involucrar a todos los niveles de la organización en el proceso de planificación no solo fomenta la aceptación y el compromiso, sino que también proporciona perspectivas valiosas que pueden enriquecer la estrategia. La creación de equipos multidisciplinarios que representen diversas áreas de la empresa puede ayudar a identificar oportunidades y desafíos que tal vez no se hayan considerado anteriormente.

La planificación a corto, medio y largo plazo es fundamental para el éxito de la transformación digital en los negocios tradicionales. Cada etapa debe estar interconectada, permitiendo que las iniciativas inmediatas sirvan como base para objetivos más amplios y ambiciosos en el futuro. Al mantenerse flexibles y colaborativos, las empresas pueden navegar con éxito por la complejidad del cambio digital y posicionarse de manera efectiva para el futuro.

• Selección de tecnología: desde CRM y ERP hasta herramientas de análisis de datos y automatización

La selección de la tecnología adecuada es un componente esencial en el proceso de transformación digital de los negocios tradicionales. En un entorno empresarial en constante evolución, donde la agilidad y la capacidad de adaptación son cruciales, las empresas deben elegir herramientas tecnológicas que no solo se alineen con sus necesidades actuales, sino que también les permitan crecer y evolucionar en el futuro. Esta selección abarca desde sistemas de gestión empresarial como CRM y ERP hasta herramientas avanzadas de análisis de datos y automatización, cada uno de los cuales desempeña un papel específico en la mejora de la eficiencia operativa, la experiencia del cliente y la capacidad de toma de decisiones.

Comenzando por los sistemas de gestión de relaciones con clientes (CRM), estas herramientas son fundamentales para cualquier negocio que busque mejorar su interacción y relación con los clientes. Un CRM permite a las empresas gestionar de manera efectiva la información de sus clientes, facilitando la personalización de la comunicación y el seguimiento de las interacciones. La selección de un CRM debe considerar factores como la escalabilidad, la integración con otras herramientas, la facilidad de uso y la capacidad de ofrecer análisis en tiempo real sobre el comportamiento de los clientes. Un buen CRM no solo ayuda a organizar la información del cliente, sino que también proporciona datos valiosos que pueden ser utilizados para identificar oportunidades de ventas y mejorar la retención de clientes.

Por otro lado, los sistemas de planificación de recursos empresariales (ERP) son vitales para la gestión integral de los procesos internos de una organización. Un ERP conecta diferentes áreas de la empresa, como finanzas, recursos humanos, logística y producción, en un sistema unificado que permite una visión clara y en tiempo real de las operaciones. La selección de un ERP debe basarse en la capacidad del sistema para adaptarse a los procesos específicos de la empresa y en su facilidad de integración con otras herramientas digitales. Un ERP bien implementado puede mejorar la eficiencia operativa al automatizar tareas y reducir los errores manuales, lo que resulta en una toma de decisiones más rápida y precisa.

La automatización de procesos es otro aspecto clave en la selección tecnológica. Las herramientas de automatización pueden ayudar a las empresas a mejorar la eficiencia y reducir costos al eliminar tareas repetitivas y manuales. Esto puede incluir desde la automatización del marketing, que permite personalizar campañas y segmentar audiencias de manera más efectiva, hasta la automatización de procesos administrativos y de atención al cliente, que agiliza la respuesta y mejora la satisfacción del cliente. La selección de herramientas de automatización debe basarse en la facilidad de uso, la integración con otros sistemas y la capacidad de escalar según las necesidades de la empresa.

En un mundo donde los datos son uno de los activos más valiosos, las herramientas de análisis de datos se han vuelto esenciales. La capacidad de recopilar, procesar y analizar grandes volúmenes de datos permite a las empresas obtener información valiosa sobre su rendimiento, sus clientes y el mercado en general. La selección de herramientas de análisis debe considerar la capacidad de la plataforma para manejar diferentes tipos de datos, su facilidad de uso y la capacidad de ofrecer informes y visualizaciones claras que faciliten la toma de decisiones. Las herramientas de análisis de datos no solo ayudan a las empresas a comprender su situación actual, sino que también les permiten prever tendencias futuras y adaptar sus estrategias en consecuencia.

La selección de tecnología adecuada es un paso crucial en la transformación digital de los negocios tradicionales. Desde CRM y ERP hasta herramientas de análisis de datos y automatización, cada solución debe ser elegida cuidadosamente para garantizar que se alinee con los objetivos y necesidades específicas de la organización. La implementación exitosa de estas herramientas no solo mejora la eficiencia operativa, sino que también fortalece la relación con los clientes y proporciona a las empresas la agilidad necesaria para adaptarse a un entorno empresarial en constante cambio. Una elección informada y estratégica en la tecnología puede ser un factor determinante en el éxito a largo plazo de la transformación digital.

• Ejemplos prácticos de estrategias exitosas

La transformación digital en los negocios tradicionales ha dado lugar a numerosos ejemplos de estrategias exitosas que han permitido a las empresas adaptarse, innovar y prosperar en un entorno competitivo. Estos casos prácticos destacan cómo diferentes organizaciones han implementado cambios significativos en sus modelos de negocio, utilizando la tecnología como motor de crecimiento y eficiencia. A continuación, se presentan algunos ejemplos ilustrativos que demuestran diversas formas de abordar la transformación digital.

Uno de los ejemplos más emblemáticos es el de **Netflix**, que comenzó como un servicio de alquiler de DVD por correo. Al darse cuenta de que la tecnología de streaming estaba emergiendo y que los hábitos de consumo de los espectadores estaban cambiando, Netflix decidió pivotar su modelo de negocio hacia el contenido en línea. Implementó una plataforma de streaming que no solo facilitaba la visualización de películas y series, sino que también utilizaba algoritmos de recomendación para personalizar la experiencia del usuario. Esta estrategia no solo permitió a Netflix mantenerse relevante en un mercado en rápida evolución, sino que también lo posicionó como líder en la industria del entretenimiento, produciendo su propio contenido original y cambiando la forma en que las personas consumen televisión y cine.

Otro caso notable es el de **Starbucks**, que ha integrado la tecnología en su experiencia del cliente de manera innovadora. La compañía implementó una aplicación móvil que permite a los clientes realizar pedidos anticipados y pagar antes de llegar a la tienda, lo que reduce los tiempos de espera y mejora la comodidad. Además, Starbucks ha utilizado su aplicación para crear un programa de lealtad que recompensa a los clientes por sus compras, fomentando la repetición de negocios. Al combinar la tecnología con un enfoque centrado en el cliente, Starbucks no solo ha mejorado su eficiencia operativa, sino que también ha fortalecido la lealtad del cliente y ha aumentado sus ingresos.

El caso de **Zara**, parte del grupo Inditex, es un ejemplo destacado en la industria de la moda. Zara ha implementado una estrategia de "moda rápida" que combina la digitalización con un enfoque ágil en la producción y la distribución. La empresa utiliza datos en tiempo real sobre las preferencias de los consumidores y el inventario para ajustar rápidamente su oferta de productos. Además, ha integrado herramientas digitales en sus tiendas físicas, como sistemas de gestión de inventario que permiten una reposición rápida y eficiente de productos. Este enfoque ha permitido a Zara responder rápidamente a las tendencias del mercado y a las demandas de los clientes, posicionándose como una de las marcas más exitosas en el sector de la moda.

En el ámbito del comercio minorista, **Walmart** ha realizado significativas inversiones en tecnología para transformar su modelo de negocio. La empresa ha implementado un sistema de gestión de inventarios basado en datos que le permite optimizar su cadena de suministro y reducir costos. Además, Walmart ha lanzado su propia plataforma de comercio electrónico, lo que le ha permitido competir eficazmente con gigantes como Amazon. La integración de herramientas digitales, como la automatización de procesos y la analítica avanzada, ha ayudado a Walmart a mejorar la experiencia del cliente y a aumentar la eficiencia operativa.

En el sector de la salud, el uso de la telemedicina ha crecido exponencialmente, especialmente durante la pandemia de COVID-19. **Teladoc Health**, una plataforma de atención médica virtual, ha revolucionado la forma en que los pacientes acceden a los servicios de salud. A través de su aplicación, los pacientes pueden consultar a médicos y especialistas sin necesidad de desplazarse físicamente a un centro de salud. Esta estrategia no solo ha mejorado la accesibilidad a la atención médica, sino que también ha permitido a los proveedores de salud adaptarse a las restricciones impuestas por la pandemia y ofrecer servicios de manera segura y efectiva.

Por último, el caso de **General Electric (GE)** muestra cómo una empresa tradicional puede reinventarse a través de la digitalización. GE ha adoptado el concepto de "Internet de las Cosas" (IoT) y ha desarrollado la plataforma Predix, que permite la conectividad y el análisis de datos en tiempo real para maquinaria industrial. Esta iniciativa ha transformado el modelo de negocio de GE, permitiendo la implementación de soluciones predictivas y la optimización del rendimiento de los activos. La adopción de tecnologías digitales no solo ha mejorado la eficiencia operativa, sino que también ha abierto nuevas oportunidades de ingresos a través de servicios basados en datos.

Estos ejemplos de estrategias exitosas demuestran cómo la transformación digital puede manifestarse de diversas maneras, dependiendo de la industria y el contexto específico de cada empresa. Al adoptar un enfoque centrado en la tecnología y la experiencia del cliente, estas organizaciones han logrado no solo sobrevivir, sino también prosperar en un entorno empresarial cada vez más competitivo. La clave del éxito radica en la capacidad de anticipar cambios, adoptar nuevas tecnologías y mantener una mentalidad ágil que permita adaptarse rápidamente a las necesidades del mercado y de los consumidores.

Capítulo 5: La Importancia de la Cultura Organizacional

- ## Cómo preparar a la empresa para el cambio digital

Preparar a una empresa para el cambio digital es un proceso complejo y multifacético que requiere una estrategia bien definida y un compromiso tanto a nivel directivo como entre todos los empleados. La transformación digital no es simplemente la adopción de nuevas tecnologías; implica un cambio cultural y organizacional profundo que afecta todos los aspectos del negocio. A continuación, se exploran las etapas y consideraciones clave que las empresas deben tener en cuenta para facilitar esta transición.

Uno de los primeros pasos en la preparación para el cambio digital es **definir una visión clara de la transformación**. Esto implica establecer qué objetivos específicos se desean alcanzar con la digitalización, ya sea mejorar la eficiencia operativa, personalizar la experiencia del cliente, aumentar la competitividad o innovar en los productos y servicios. La dirección debe comunicar esta visión de manera efectiva a todos los niveles de la organización, asegurando que cada miembro del equipo comprenda la importancia del cambio y su papel en el mismo.

La siguiente etapa es realizar un **análisis interno de las capacidades y debilidades actuales**. Esto puede implicar una evaluación exhaustiva de los procesos existentes, la tecnología utilizada, la cultura organizacional y la estructura de la empresa. Este diagnóstico ayudará a identificar áreas críticas que necesitan ser abordadas y permitirá a la empresa comprender dónde se encuentran en su viaje hacia la digitalización. Es esencial involucrar a diferentes departamentos en este proceso para obtener una visión integral y fomentar la colaboración.

Con una visión clara y un diagnóstico realizado, la empresa debe **desarrollar una estrategia digital integral**. Esta estrategia debe detallar los pasos a seguir para implementar el cambio, incluyendo las tecnologías que se adoptarán, los procesos que se optimizarán y cómo se medirán los resultados. La estrategia debe ser flexible y adaptarse a las necesidades cambiantes del mercado y de la empresa a medida que avanza el proceso de transformación.

Un elemento fundamental en la preparación para el cambio digital es la **formación y capacitación del personal**. La transformación digital a menudo implica el uso de nuevas herramientas y tecnologías, por lo que es crucial invertir en la formación de los empleados para que se sientan cómodos y competentes al utilizarlas. Esto no solo mejora la adopción de nuevas tecnologías, sino que también contribuye a la satisfacción laboral y al compromiso del personal. Se pueden implementar programas de capacitación, talleres y sesiones informativas que aborden tanto habilidades técnicas como soft skills, como la adaptabilidad y la resolución de problemas.

Además, es importante fomentar una **cultura organizacional que valore la innovación y la adaptabilidad**. La transformación digital puede enfrentar resistencia por parte de los empleados, especialmente si sienten que sus roles están amenazados o que no tienen un lugar en el nuevo paradigma digital. Para superar esta resistencia, la alta dirección debe promover un entorno donde la experimentación y el aprendizaje sean bienvenidos. Esto puede lograrse alentando a los empleados a proponer ideas, participar en proyectos innovadores y colaborar en equipos interfuncionales. La comunicación abierta y transparente es esencial para abordar inquietudes y construir confianza en el proceso de cambio.

La **implementación de tecnologías adecuadas** es otro paso crítico en la preparación para el cambio digital. Las empresas deben investigar y seleccionar las herramientas tecnológicas que se alineen con sus objetivos estratégicos y necesidades operativas. Esto puede incluir la adopción de sistemas de gestión de relaciones con clientes (CRM), plataformas de análisis de datos, software de automatización y soluciones de comercio electrónico. La elección de la tecnología adecuada no solo facilita la transformación digital, sino que también puede resultar en una mejora significativa de la eficiencia y la productividad.

Finalmente, es vital establecer un **marco de medición y evaluación** que permita a la empresa realizar un seguimiento del progreso de su transformación digital. Esto implica definir indicadores clave de rendimiento (KPI) que estén alineados con los objetivos establecidos al inicio del proceso. Medir el impacto de las iniciativas digitales en tiempo real ayudará a la organización a ajustar su enfoque según sea necesario y a identificar qué estrategias están funcionando y cuáles no.

La transformación digital es un viaje continuo y dinámico. Preparar a la empresa para este cambio requiere una planificación meticulosa, una comunicación efectiva y un compromiso colectivo hacia la innovación. Con la estrategia adecuada y una cultura organizacional que fomente el aprendizaje y la adaptabilidad, las empresas estarán bien posicionadas para enfrentar los desafíos del entorno digital y aprovechar las oportunidades que este ofrece.

Resistencia al cambio: causas y soluciones

La resistencia al cambio es un fenómeno común en las organizaciones que están atravesando un proceso de transformación, incluyendo la transformación digital. Comprender las causas de esta resistencia es fundamental para implementar soluciones efectivas que faciliten la adopción de nuevas prácticas, tecnologías y procesos. La resistencia puede manifestarse de diversas formas, desde la falta de interés hasta la oposición activa a las iniciativas de cambio. Identificar y abordar estas causas es esencial para asegurar el éxito del cambio en cualquier organización.

Una de las principales causas de resistencia al cambio es el **miedo a lo desconocido**. Cuando los empleados enfrentan cambios significativos, pueden sentirse inseguros sobre su futuro y el impacto que estos cambios tendrán en su trabajo diario. Este miedo puede ser exacerbado si la comunicación sobre el cambio es insuficiente o si se percibe como abrupta. En lugar de ver el cambio como una oportunidad, los empleados pueden interpretarlo como una amenaza a su seguridad laboral. Para abordar este miedo, es crucial proporcionar información clara y transparente sobre el proceso de cambio, los motivos detrás de él y cómo beneficiará a la organización y a los individuos en el largo plazo.

Otra causa común es la **falta de confianza en la dirección**. Si los empleados no confían en que la alta dirección está actuando en su mejor interés o no creen en la viabilidad de la transformación, es probable que se opongan al cambio. La historia de la empresa, incluyendo cambios anteriores que no se implementaron con éxito, puede influir en esta percepción. Para construir confianza, los líderes deben ser accesibles, demostrar coherencia entre palabras y acciones, y involucrar a los empleados en el proceso de cambio desde el principio. Esto incluye compartir éxitos pasados y reconocer los esfuerzos de los empleados en la adaptación.

La **falta de habilidades o competencias necesarias** para adaptarse a los cambios propuestos también puede ser un obstáculo significativo. Los empleados pueden sentirse inseguros o incompetentes ante nuevas tecnologías o procesos si no cuentan con la formación adecuada. Esto puede llevar a la frustración y, en última instancia, a la resistencia. Para solucionar este problema, las empresas deben invertir en programas de formación y desarrollo que equipen a los empleados con las habilidades necesarias para prosperar en el nuevo entorno. Esto no solo reduce la resistencia, sino que también mejora la moral y el compromiso.

Además, la **carga de trabajo excesiva** puede contribuir a la resistencia al cambio. Cuando los empleados ya están abrumados por sus responsabilidades diarias, pueden percibir el cambio como una carga adicional en lugar de una oportunidad de mejora. Esto es especialmente cierto si el cambio se implementa sin un enfoque adecuado o si se les pide que asuman más tareas sin el apoyo necesario. Para mitigar esta resistencia, es importante planificar la implementación del cambio de manera que no sobrecargue a los empleados. Esto puede incluir la asignación de recursos adicionales, la creación de equipos de cambio dedicados y la implementación de cambios graduales en lugar de un enfoque de "todo o nada".

La **cultura organizacional** también juega un papel crucial en la resistencia al cambio. Si una empresa tiene una cultura que valora la estabilidad y la rutina, los empleados pueden resistirse a cualquier cambio que altere su forma de trabajar. Las organizaciones con una cultura abierta a la innovación y al aprendizaje continuo son generalmente más receptivas al cambio. Para fomentar una cultura de aceptación del cambio, los líderes deben promover valores que celebren la flexibilidad, la adaptabilidad y la mejora continua. Esto puede incluir reconocer y recompensar a los empleados que contribuyen a la innovación y que adoptan nuevas formas de trabajar.

Para abordar la resistencia al cambio, las organizaciones pueden implementar varias soluciones efectivas. La **comunicación**

efectiva es fundamental. Los líderes deben comunicar el propósito y los beneficios del cambio de manera clara y continua, utilizando diversos canales y formatos para asegurar que todos los empleados tengan acceso a la información. Además, la comunicación debe ser bidireccional; los empleados deben tener la oportunidad de expresar sus preocupaciones y sugerencias. Establecer foros o sesiones de preguntas y respuestas puede ser una manera útil de facilitar este diálogo.

La **participación activa de los empleados** en el proceso de cambio también puede disminuir la resistencia. Involucrar a los empleados en la planificación y ejecución del cambio no solo les da un sentido de propiedad sobre el proceso, sino que también les permite contribuir con ideas valiosas y perspectivas únicas. Esto puede incluir la formación de grupos de trabajo, la realización de encuestas o la creación de comités de cambio que representen diversas áreas de la organización.

Por último, **el liderazgo comprometido y visible** es esencial para superar la resistencia al cambio. Los líderes deben ser defensores activos del cambio, modelando el comportamiento que esperan ver en sus equipos. Su disposición a adaptarse y a aprender también puede inspirar a otros a hacer lo mismo. Además, el reconocimiento y la celebración de hitos alcanzados durante el proceso de transformación pueden motivar a los empleados y reforzar la idea de que el cambio es no solo necesario, sino también beneficioso.

Superar la resistencia al cambio es un desafío que requiere tiempo, esfuerzo y una estrategia bien pensada. Al abordar las causas subyacentes y proporcionar las herramientas y el apoyo necesarios, las organizaciones pueden transformar la resistencia en una oportunidad para crecer y evolucionar en el dinámico entorno empresarial actual.

Crear una cultura de innovación y adaptación

Crear una cultura de innovación y adaptación en una organización es un proceso fundamental que requiere un enfoque sistemático y consciente por parte de los líderes. Esta cultura no solo promueve la creatividad y el pensamiento innovador, sino que también prepara a la empresa para adaptarse rápidamente a los cambios en el mercado y en el entorno empresarial. Para lograrlo, es necesario establecer un ambiente propicio que fomente la participación activa de todos los miembros de la organización, alentando a los empleados a contribuir con ideas y a experimentar sin miedo al fracaso.

Uno de los aspectos clave para crear esta cultura es **la comunicación abierta y transparente**. Los líderes deben establecer canales de comunicación donde se fomente la retroalimentación y se escuchen las ideas de los empleados. Es crucial que todos se sientan valorados y que sus opiniones sean tomadas en cuenta. Esto implica no solo informar sobre las decisiones y cambios en la organización, sino también permitir que los empleados se expresen sobre sus experiencias y sugerencias. La comunicación bidireccional fortalece la confianza y el compromiso, creando un sentido de pertenencia que es fundamental para la innovación.

La **formación y el desarrollo continuo** son igualmente importantes. Para que los empleados se sientan cómodos innovando, necesitan contar con las habilidades y conocimientos adecuados. Esto se puede lograr a través de programas de capacitación que no solo se centren en el desarrollo técnico, sino que también promuevan habilidades como el pensamiento crítico, la resolución de problemas y la creatividad. La creación de espacios para la formación, como talleres, seminarios o sesiones de brainstorming, permite a los empleados explorar nuevas ideas y enfoques. Además, la inversión en el desarrollo profesional demuestra que la organización valora el crecimiento de sus empleados y está comprometida con su éxito.

La **tolerancia al fracaso** es otro pilar esencial en una cultura de innovación. En muchas organizaciones, el miedo al fracaso puede ser un obstáculo significativo para la creatividad y la experimentación. Es vital que los líderes establezcan una mentalidad que no solo acepte el fracaso como parte del proceso de innovación, sino que también lo vea como una oportunidad de aprendizaje. Esto implica reconocer que no todas las ideas serán exitosas, pero que cada intento puede proporcionar valiosas lecciones que pueden aplicarse en el futuro. Celebrar los fracasos como parte del viaje hacia el éxito puede ayudar a eliminar el estigma asociado con ellos y fomentar un entorno en el que los empleados se sientan libres para experimentar.

Fomentar la **colaboración interdisciplinaria** es otra estrategia clave. Las mejores ideas a menudo surgen de la interacción entre diferentes perspectivas y habilidades. Alentar a los empleados de diversas áreas a trabajar juntos en proyectos puede generar sinergias y permitir el surgimiento de soluciones innovadoras. Esto puede incluir la creación de equipos de trabajo mixtos, donde se integren diferentes disciplinas y experiencias, así como la organización de sesiones de trabajo colaborativo que promuevan la creatividad y el intercambio de ideas. Al romper los silos organizativos, se abre la puerta a nuevas formas de pensar y a la generación de ideas innovadoras.

Además, la **visión y el liderazgo** son fundamentales para establecer una cultura de innovación. Los líderes deben articular una visión clara y convincente que resalte la importancia de la innovación y la adaptación para el éxito a largo plazo de la organización. Esta visión debe ser compartida y entendida por todos los niveles de la empresa. Los líderes deben ser ejemplos a seguir, demostrando su propio compromiso con la innovación a través de sus acciones y decisiones. Cuando los líderes muestran entusiasmo y dedicación hacia la innovación, se inspira a otros a hacer lo mismo.

El **reconocimiento y la recompensa** son elementos cruciales en la creación de una cultura de innovación. Celebrar los logros de los empleados, ya sean grandes o pequeños, puede motivar a otros a contribuir con sus propias ideas y esfuerzos. Esto puede incluir reconocimientos formales, como premios o incentivos, así como celebraciones informales que destaquen las contribuciones innovadoras. El reconocimiento no solo refuerza el comportamiento deseado, sino que también crea un ambiente positivo donde la innovación es valorada y promovida.

Es esencial fomentar un **enfoque en el cliente** en toda la organización. La innovación debe estar alineada con las necesidades y expectativas del cliente. Involucrar a los empleados en la comprensión de la experiencia del cliente y en la identificación de oportunidades para mejorarla puede generar una motivación adicional para innovar. Escuchar al cliente, obtener su retroalimentación y adaptarse a sus cambiantes necesidades es un factor crítico para la innovación exitosa. Las organizaciones que están en sintonía con sus clientes están mejor equipadas para anticipar cambios en el mercado y ajustar sus estrategias en consecuencia.

Crear una cultura de innovación y adaptación es un proceso continuo que requiere compromiso, liderazgo y un enfoque estratégico. Al establecer un entorno donde la comunicación, la colaboración y la creatividad son fundamentales, las organizaciones pueden no solo fomentar la innovación, sino también prepararse para enfrentar los desafíos del futuro con confianza y agilidad. Esta cultura se convertirá en una ventaja competitiva que permitirá a la empresa prosperar en un entorno empresarial cada vez más dinámico y cambiante.

• Capacitación y desarrollo de competencias digitales en el personal

La capacitación y el desarrollo de competencias digitales en el personal son aspectos fundamentales para que las organizaciones puedan llevar a cabo una transformación digital exitosa. En un entorno empresarial donde la tecnología avanza a pasos agigantados, es esencial que los empleados no solo comprendan las herramientas digitales disponibles, sino que también estén capacitados para utilizarlas de manera efectiva. Esto requiere un enfoque estructurado que no solo se centre en la formación técnica, sino que también promueva habilidades críticas que faciliten la adaptabilidad y la innovación.

La **evaluación de las necesidades de capacitación** es el primer paso en este proceso. Antes de implementar un programa de formación, es crucial identificar las competencias digitales necesarias para cada puesto y cómo estas se alinean con los objetivos estratégicos de la organización. Esto implica un análisis detallado de las habilidades actuales del personal y de las competencias que se requieren para enfrentar los desafíos tecnológicos del futuro. Las encuestas, entrevistas y grupos de enfoque pueden ser herramientas valiosas para obtener esta información, permitiendo una comprensión clara de las brechas de habilidades existentes y las áreas de mejora.

Una vez que se han identificado las necesidades, se debe diseñar un **programa de capacitación adaptado** a esas necesidades específicas. Este programa debe ser integral y abordar diversos aspectos de la competencia digital, que van desde el uso básico de herramientas digitales hasta la comprensión de tecnologías emergentes como la inteligencia artificial, el análisis de datos y la ciberseguridad. La capacitación debe ser accesible para todos los niveles de la organización, asegurando que incluso aquellos con habilidades digitales limitadas puedan participar y beneficiarse. Esto puede incluir la creación de módulos de aprendizaje en línea, talleres prácticos, sesiones de mentoría y actividades de aprendizaje colaborativo.

Además de las habilidades técnicas, es esencial desarrollar **competencias blandas** que complementen la formación técnica. Las habilidades como el pensamiento crítico, la resolución de problemas y la comunicación efectiva son vitales en un entorno digital. La capacitación debe incluir actividades que fomenten estas competencias, ya que son cruciales para la colaboración en equipo y la innovación. Por ejemplo, los ejercicios de simulación y los estudios de caso pueden ser herramientas efectivas para practicar la resolución de problemas en situaciones del mundo real, mientras que las sesiones de trabajo en grupo pueden ayudar a mejorar la comunicación y el trabajo en equipo.

La **cultura del aprendizaje continuo** debe ser promovida dentro de la organización. La transformación digital no es un evento único, sino un proceso continuo que requiere que los empleados actualicen regularmente sus habilidades. Para fomentar esta mentalidad, es importante establecer un entorno donde la curiosidad y la exploración sean valoradas. Esto puede lograrse a través de iniciativas que promuevan el aprendizaje autónomo, como la creación de bibliotecas de recursos digitales, la promoción de cursos en línea y la asignación de tiempo durante la jornada laboral para el aprendizaje y la investigación. Alentar a los empleados a participar en conferencias, seminarios y grupos de interés también puede enriquecer su conocimiento y mantenerlos al tanto de las últimas tendencias en tecnología y negocios.

La **retroalimentación y la evaluación** son componentes clave en el proceso de capacitación. Es importante establecer mecanismos para evaluar el impacto de la formación en el desempeño laboral y en la efectividad organizacional. Las evaluaciones regulares, tanto formativas como sumativas, permiten medir el progreso de los empleados y determinar la eficacia del programa de capacitación. La retroalimentación también es valiosa para ajustar y mejorar los contenidos y métodos de formación, asegurando que se mantengan relevantes y alineados con las necesidades cambiantes de la organización.

Es fundamental involucrar a la **alta dirección y a los líderes de equipo** en el proceso de capacitación. Su compromiso y participación no solo son esenciales para garantizar los recursos necesarios, sino que también envían un mensaje claro a los empleados sobre la importancia de la capacitación y el desarrollo de competencias digitales. Los líderes deben actuar como modelos a seguir, participando en programas de formación y mostrando su propia disposición para aprender y adaptarse a nuevas tecnologías. Esto crea un efecto positivo en la cultura organizacional, fomentando un ambiente donde el aprendizaje y la innovación son parte integral de la misión de la empresa.

La capacitación y el desarrollo de competencias digitales en el personal son aspectos esenciales para preparar a la organización para la transformación digital. Al identificar las necesidades de capacitación, diseñar programas adaptados, fomentar el aprendizaje continuo y establecer mecanismos de evaluación, las empresas pueden asegurar que su personal esté bien equipado para enfrentar los desafíos del entorno digital. La creación de una cultura que valore el aprendizaje y la adaptabilidad no solo mejora las habilidades individuales, sino que también fortalece la competitividad y la resiliencia organizacional en un mundo en constante cambio.

Capítulo 6: Herramientas Digitales para Empresas Tradicionales

- ## Tecnologías clave: inteligencia artificial, IoT, big data, automatización y nube

Las tecnologías clave como la inteligencia artificial, el Internet de las Cosas (IoT), el big data, la automatización y la nube están redefiniendo el panorama empresarial moderno, permitiendo a las organizaciones transformar sus operaciones, mejorar la experiencia del cliente y aumentar su competitividad. Cada una de estas tecnologías aporta beneficios únicos que, combinados, pueden generar un impacto significativo en la forma en que los negocios funcionan y se adaptan al entorno cambiante.

La **inteligencia artificial** (IA) se ha convertido en una herramienta indispensable en la transformación digital de las empresas. Su capacidad para analizar grandes volúmenes de datos, aprender de patrones y predecir resultados permite a las organizaciones tomar decisiones más informadas y rápidas. La IA se aplica en diversas áreas, desde el servicio al cliente hasta la gestión de la cadena de suministro. Por ejemplo, los chatbots impulsados por IA ofrecen atención al cliente las 24 horas, mejorando la satisfacción del cliente y optimizando recursos. Además, la IA permite personalizar la experiencia del usuario al analizar comportamientos y preferencias, lo que resulta en recomendaciones de productos más precisas y relevantes. En el ámbito interno, los sistemas de IA ayudan a automatizar procesos, reduciendo errores y aumentando la eficiencia operativa.

El **Internet de las Cosas** (IoT) conecta dispositivos y objetos a Internet, permitiendo la recopilación y el intercambio de datos en tiempo real. Esta tecnología tiene un impacto profundo en la forma en que las empresas gestionan sus operaciones. Por ejemplo, en la manufactura, los sensores IoT pueden monitorear el estado de las máquinas y prever fallos antes de que ocurran, lo que minimiza el tiempo de inactividad y reduce costos de mantenimiento. En el ámbito minorista, el IoT permite un seguimiento más preciso del inventario y mejora la logística, lo que lleva a una gestión más eficiente de la cadena de suministro. Al recopilar datos de dispositivos conectados, las empresas pueden obtener información valiosa sobre el comportamiento del cliente y las condiciones del mercado, facilitando una toma de decisiones más ágil y basada en datos.

El **big data** se refiere al procesamiento y análisis de grandes volúmenes de datos que, debido a su tamaño y complejidad, no pueden ser gestionados con herramientas tradicionales. La capacidad de analizar estos datos permite a las empresas identificar tendencias, comportamientos del cliente y oportunidades de mercado que de otro modo podrían pasar desapercibidas. Al integrar big data con otras tecnologías, como la inteligencia artificial, las empresas pueden extraer información más profunda y significativa. Por ejemplo, las herramientas de análisis predictivo utilizan big data para anticipar comportamientos de compra, lo que permite a las empresas ajustar sus estrategias de marketing y optimizar sus operaciones. La segmentación del mercado se vuelve más precisa, y las empresas pueden dirigir sus recursos hacia las áreas de mayor retorno de inversión.

La **automatización** es otra tecnología clave que permite a las organizaciones optimizar procesos y reducir costos. A través de la implementación de herramientas automatizadas, las empresas pueden llevar a cabo tareas repetitivas de manera más eficiente y con menos errores. La automatización de procesos robóticos (RPA) es un ejemplo de cómo las empresas pueden utilizar software para realizar tareas administrativas, como la entrada de datos o la gestión de facturas, liberando así a los empleados para que se concentren en actividades de mayor valor. La automatización no solo mejora la eficiencia, sino que también ayuda a aumentar la satisfacción del empleado al reducir la carga de trabajo tediosa y repetitiva.

La **nube** ha revolucionado la forma en que las empresas gestionan sus recursos tecnológicos. La computación en la nube permite a las organizaciones acceder a una infraestructura y servicios de TI escalables y flexibles sin la necesidad de inversiones significativas en hardware. Esto facilita la colaboración y el trabajo remoto, ya que los empleados pueden acceder a aplicaciones y datos desde cualquier lugar. Además, la nube ofrece una solución efectiva para el almacenamiento y la gestión de datos, permitiendo a las empresas adaptarse rápidamente a las fluctuaciones en la demanda y a las necesidades del mercado. La adopción de soluciones en la nube también permite una mayor seguridad de los datos y una recuperación más ágil ante desastres, lo que aumenta la resiliencia organizacional.

La integración de tecnologías clave como la inteligencia artificial, el IoT, el big data, la automatización y la nube es esencial para que las empresas se mantengan competitivas en un entorno digital en constante evolución. Cada una de estas tecnologías ofrece oportunidades para mejorar la eficiencia, personalizar la experiencia del cliente y adaptar los modelos de negocio a las demandas del mercado. Al implementar estas herramientas, las organizaciones pueden no solo sobrevivir, sino prosperar en la era de la transformación digital.

- # Introducción a plataformas y aplicaciones útiles para áreas como ventas, atención al cliente y marketing

La transformación digital ha llevado a las empresas a repensar sus estrategias y herramientas en áreas clave como ventas, atención al cliente y marketing. En este contexto, las plataformas y aplicaciones digitales se han convertido en aliados fundamentales para optimizar procesos, mejorar la interacción con los clientes y maximizar las oportunidades de negocio. La variedad de opciones disponibles permite a las organizaciones adaptar sus enfoques a las necesidades específicas de sus operaciones y del mercado, contribuyendo así a su competitividad y eficiencia.

En el ámbito de **ventas**, las plataformas de gestión de relaciones con clientes (CRM) han transformado la manera en que las empresas manejan sus interacciones con los clientes. Herramientas como Salesforce, HubSpot y Zoho CRM ofrecen funcionalidades que permiten a las organizaciones centralizar la información del cliente, automatizar el seguimiento de ventas y analizar datos para identificar tendencias. Estos sistemas ayudan a los equipos de ventas a gestionar leads de manera más efectiva, personalizar la comunicación y prever resultados de ventas, lo que facilita la toma de decisiones estratégicas. La integración de estas plataformas con otras herramientas de marketing y atención al cliente permite una visión holística del viaje del cliente, mejorando la capacidad de respuesta y personalización de las ofertas.

En cuanto a la **atención al cliente**, las plataformas de soporte como Zendesk, Freshdesk e Intercom han revolucionado la forma en que las empresas interactúan con sus consumidores. Estas herramientas permiten gestionar consultas y problemas de manera eficiente a través de múltiples canales, como chat en vivo, correo electrónico y redes sociales. Además, muchas de estas plataformas incluyen funcionalidades de inteligencia artificial, como chatbots, que pueden responder automáticamente a preguntas frecuentes, lo que reduce los tiempos de espera y libera a los agentes para abordar casos más complejos. Al centralizar la información y el historial de interacciones, las plataformas de atención al cliente facilitan una experiencia más fluida y satisfactoria para el usuario.

En el campo del **marketing**, las aplicaciones de automatización como Mailchimp, Marketo y HubSpot permiten a las empresas implementar campañas personalizadas de manera más efectiva. Estas herramientas ofrecen funcionalidades que permiten segmentar audiencias, automatizar correos electrónicos y realizar un seguimiento del rendimiento de las campañas. Al utilizar análisis de datos, las empresas pueden ajustar sus estrategias en tiempo real, mejorando así el retorno de la inversión (ROI) en marketing. Además, las plataformas de gestión de redes sociales, como Hootsuite y Buffer, permiten a las organizaciones gestionar su presencia en línea de manera más eficiente, programando publicaciones, analizando el engagement y monitorizando menciones de marca en diversas plataformas.

La integración de todas estas plataformas y aplicaciones es fundamental para crear un ecosistema digital coherente que impulse la eficiencia operativa y mejore la experiencia del cliente. Al adoptar un enfoque centrado en la tecnología, las empresas pueden no solo optimizar sus procesos internos, sino también ofrecer un servicio al cliente más proactivo y personalizado. Esta sinergia entre ventas, atención al cliente y marketing es clave para navegar en un entorno empresarial cada vez más digital y competitivo.

La adopción de plataformas y aplicaciones adecuadas en áreas como ventas, atención al cliente y marketing no solo mejora la eficiencia operativa, sino que también transforma la forma en que las empresas interactúan con sus clientes. Al aprovechar estas herramientas, las organizaciones pueden adaptarse más rápidamente a las tendencias del mercado, personalizar sus ofertas y construir relaciones más sólidas con sus consumidores, posicionándose así para el éxito en la era de la transformación digital.

• Casos de uso en diferentes sectores tradicionales

La transformación digital ha impactado a diversos sectores tradicionales, revolucionando la forma en que operan y se relacionan con sus clientes. A continuación, se presentan algunos casos de uso destacados en diferentes industrias, que ejemplifican cómo la digitalización ha permitido a estas organizaciones adaptarse a los nuevos desafíos del mercado y mejorar su eficiencia operativa.

En el **sector minorista**, la implementación de tecnologías digitales ha sido clave para redefinir la experiencia de compra. Un ejemplo notable es el uso de plataformas de comercio electrónico, que permiten a las tiendas físicas expandir su alcance más allá de las fronteras geográficas. Empresas como Walmart han integrado su plataforma en línea con sus tiendas físicas, ofreciendo a los clientes la posibilidad de comprar en línea y recoger sus pedidos en la tienda. Esto no solo mejora la conveniencia para el consumidor, sino que también optimiza la gestión del inventario y reduce costos. Además, el uso de análisis de datos permite a los minoristas personalizar las ofertas y promociones, mejorando la fidelización del cliente.

En el **sector financiero**, la transformación digital ha llevado a la aparición de soluciones FinTech que desafían a los bancos tradicionales. Un caso emblemático es el de empresas como Robinhood, que han democratizado el acceso a los mercados financieros mediante aplicaciones de trading sin comisiones. Estas plataformas ofrecen a los usuarios herramientas para invertir en acciones, criptomonedas y otros activos de manera intuitiva. Además, el uso de inteligencia artificial en la evaluación de riesgos y la detección de fraudes ha permitido a las instituciones financieras mejorar la seguridad y eficiencia de sus operaciones. Por otro lado, el desarrollo de soluciones de banca móvil ha facilitado a los clientes realizar transacciones en cualquier momento y lugar, aumentando la satisfacción del cliente.

En el **sector de la salud**, la digitalización ha transformado la atención médica a través de la telemedicina y la gestión de datos. Durante la pandemia de COVID-19, muchas clínicas y hospitales adoptaron plataformas de teleconsulta, permitiendo a los médicos atender a los pacientes de forma remota. Esto no solo ha mejorado el acceso a la atención médica, especialmente en áreas rurales, sino que también ha permitido a los proveedores gestionar su carga de trabajo de manera más efectiva. Además, el uso de registros electrónicos de salud (EHR) ha facilitado la recopilación y análisis de datos clínicos, mejorando la calidad de la atención y la coordinación entre profesionales de la salud.

En la **industria manufacturera**, la transformación digital se ha manifestado a través de la adopción de tecnologías como el Internet de las Cosas (IoT) y la automatización. Empresas como General Electric han implementado sensores en sus máquinas para monitorear el rendimiento en tiempo real, lo que les permite realizar mantenimiento predictivo y reducir tiempos de inactividad. La automatización de procesos mediante robots y sistemas de control digital ha incrementado la eficiencia y la precisión en la producción. Además, el uso de análisis de datos permite a los fabricantes optimizar sus cadenas de suministro y adaptarse rápidamente a cambios en la demanda del mercado.

En el **sector educativo**, la digitalización ha revolucionado la forma en que se enseña y se aprende. La incorporación de plataformas de aprendizaje en línea, como Coursera y Khan Academy, ha democratizado el acceso a la educación, permitiendo a estudiantes de diferentes orígenes adquirir habilidades y conocimientos a su propio ritmo. Las instituciones educativas también han adoptado tecnologías como el aprendizaje adaptativo, que utiliza algoritmos para personalizar la experiencia de aprendizaje según las necesidades y preferencias del estudiante. Además, la implementación de herramientas de gestión del aprendizaje (LMS) ha facilitado la administración de cursos y la interacción entre estudiantes y docentes.

En el **sector agrícola**, la transformación digital ha introducido prácticas más sostenibles y eficientes. La utilización de drones para monitorear cultivos y la implementación de sistemas de riego automatizados han permitido a los agricultores optimizar el uso de recursos y mejorar los rendimientos. El análisis de datos recopilados a través de sensores y plataformas de gestión agrícola ayuda a los agricultores a tomar decisiones informadas sobre la siembra, la fertilización y la cosecha, contribuyendo a una agricultura más precisa y sostenible.

Estos casos de uso en diferentes sectores tradicionales ilustran cómo la transformación digital no solo mejora la eficiencia operativa, sino que también permite a las organizaciones adaptarse a las expectativas cambiantes de los consumidores y a un entorno de mercado en constante evolución. Al aprovechar la tecnología de manera estratégica, las empresas pueden no solo sobrevivir, sino prosperar en la era digital.

Capítulo 7: Marketing Digital para Negocios Tradicionales

- ## Introducción al marketing digital: SEO, redes sociales, marketing de contenidos y campañas de email

La introducción al marketing digital se ha convertido en un aspecto fundamental para cualquier negocio que busque crecer y mantenerse relevante en un entorno cada vez más digitalizado. Con el avance de la tecnología y el cambio en los hábitos de consumo, las estrategias de marketing han evolucionado para incluir una variedad de herramientas y plataformas que permiten a las empresas conectar de manera más efectiva con su público objetivo. Entre estas herramientas, se destacan el SEO, las redes sociales, el marketing de contenidos y las campañas de email, cada una con su propia función y beneficios.

El **SEO** (Search Engine Optimization) es una de las estrategias más importantes en el marketing digital. Se refiere al proceso de optimizar un sitio web para mejorar su visibilidad en los motores de búsqueda, como Google. El SEO implica una combinación de técnicas que van desde la optimización del contenido y la estructura del sitio web hasta la creación de enlaces entrantes y la mejora de la experiencia del usuario. La meta del SEO es posicionar un sitio web en los primeros resultados de búsqueda para términos relevantes, lo que aumenta la probabilidad de atraer tráfico orgánico. Con el auge del comercio electrónico, la optimización para motores de búsqueda se ha vuelto esencial, ya que la mayoría de los consumidores inician su viaje de compra a través de búsquedas en línea. Una estrategia de SEO bien ejecutada puede resultar en un flujo constante de visitantes interesados, lo que se traduce en mayores oportunidades de conversión y ventas.

Las **redes sociales** han revolucionado la forma en que las marcas se comunican con sus clientes. Plataformas como Facebook, Instagram, Twitter y LinkedIn permiten a las empresas interactuar directamente con su audiencia, construir relaciones y fomentar la lealtad del cliente. Las redes sociales no solo ofrecen un espacio para la promoción de productos y servicios, sino que también sirven como un canal para compartir contenido, recibir retroalimentación y realizar investigaciones de mercado. Las campañas de publicidad en redes sociales, que permiten segmentar a los usuarios según diversos criterios, han demostrado ser altamente efectivas para alcanzar públicos específicos y generar engagement. Además, el contenido viral puede expandir la visibilidad de una marca más allá de sus seguidores directos, aumentando su alcance y notoriedad.

El **marketing de contenidos** se basa en la creación y distribución de contenido relevante y valioso con el objetivo de atraer y retener a una audiencia específica. Esta estrategia se fundamenta en la idea de que al proporcionar información útil, las marcas pueden establecerse como autoridades en su industria y ganar la confianza del consumidor. Los formatos de contenido son variados, incluyendo blogs, videos, infografías y podcasts, y pueden utilizarse en conjunción con el SEO para mejorar la visibilidad en línea. El marketing de contenidos no solo impulsa el tráfico hacia un sitio web, sino que también puede aumentar la conversión al educar a los clientes potenciales y guiarlos en su proceso de compra.

Las **campañas de email** siguen siendo una de las estrategias de marketing digital más efectivas. A pesar del auge de las redes sociales, el correo electrónico permite a las empresas comunicarse de manera directa y personalizada con sus clientes. Las campañas de email marketing pueden incluir boletines informativos, promociones especiales, recordatorios de carrito abandonado y comunicaciones post-compra, entre otros. La clave del éxito en el email marketing radica en la segmentación adecuada de la audiencia y la creación de contenido que resuene con sus intereses y necesidades. A través de herramientas de automatización, las empresas pueden enviar correos electrónicos en momentos estratégicos, aumentando las tasas de apertura y conversión.

La introducción al marketing digital abarca una variedad de herramientas y estrategias que, cuando se implementan de manera efectiva, pueden transformar la forma en que las empresas interactúan con sus clientes y generan ventas. A medida que el entorno digital continúa evolucionando, es fundamental que las organizaciones comprendan y adopten estas tácticas para permanecer competitivas y maximizar su potencial en el mercado. La combinación de SEO, redes sociales, marketing de contenidos y campañas de email no solo optimiza la visibilidad y el alcance de una marca, sino que también contribuye a construir relaciones sólidas y duraderas con los consumidores.

• E-commerce y cómo integrar ventas digitales con el comercio tradicional

El e-commerce, o comercio electrónico, se ha convertido en una parte integral del panorama empresarial moderno. A medida que los consumidores cada vez más prefieren realizar compras en línea, las empresas han tenido que adaptarse para satisfacer estas demandas cambiantes. Integrar ventas digitales con el comercio tradicional no solo es esencial para maximizar los ingresos, sino que también ofrece una experiencia de cliente cohesiva que puede fortalecer la lealtad a la marca y aumentar la satisfacción del cliente. Esta integración implica una serie de estrategias y consideraciones que las empresas deben abordar para garantizar su éxito.

El primer paso para integrar e-commerce con el comercio tradicional es crear una plataforma en línea robusta que refleje la identidad de la marca y ofrezca una experiencia de usuario fluida. Esto incluye no solo un diseño atractivo, sino también funcionalidades que faciliten la navegación, la búsqueda de productos y el proceso de compra. Es fundamental que la plataforma e-commerce sea responsiva y esté optimizada para dispositivos móviles, ya que una gran parte de los consumidores realiza compras a través de sus teléfonos inteligentes. Además, es esencial ofrecer múltiples opciones de pago y asegurar que el proceso de checkout sea simple y eficiente, lo que puede reducir la tasa de abandono del carrito de compras.

La sincronización del inventario entre las ventas en línea y las ventas en tienda es otro aspecto crítico de la integración. Las empresas deben implementar sistemas que permitan la actualización en tiempo real del inventario, de modo que los clientes siempre tengan acceso a información precisa sobre la disponibilidad de productos, ya sea que estén comprando en línea o en una tienda física. Esto no solo mejora la experiencia del cliente, sino que también ayuda a evitar problemas de sobreventa y subventa, que pueden llevar a la insatisfacción del cliente y a la pérdida de ventas.

La logística y la gestión de la cadena de suministro son igualmente importantes en el contexto de un modelo de negocio híbrido. Las empresas deben establecer procesos claros para la gestión de envíos y devoluciones, asegurándose de que los productos comprados en línea puedan ser entregados de manera oportuna y eficiente. Asimismo, ofrecer opciones de click-and-collect, donde los clientes pueden realizar sus compras en línea y recoger sus pedidos en la tienda, puede ser una manera efectiva de fomentar la visita a las tiendas físicas, al tiempo que proporciona comodidad a los clientes.

El marketing juega un papel fundamental en la integración del e-commerce con el comercio tradicional. Las empresas deben desarrollar campañas que dirijan el tráfico entre los canales. Esto puede incluir promociones específicas para compras en línea que también se pueden canjear en la tienda, así como el uso de redes sociales para promover productos y ofertas disponibles tanto en línea como en el punto de venta. Además, es esencial utilizar la analítica de datos para comprender el comportamiento del cliente en ambos canales, lo que permite personalizar la experiencia de compra y maximizar las oportunidades de ventas cruzadas y upselling.

Por otro lado, la formación del personal en el manejo de herramientas digitales y en la interacción con clientes que utilizan ambos canales es vital. Esto asegurará que el equipo esté preparado para ofrecer un servicio al cliente excepcional, ya sea en línea o en la tienda física. La capacitación continua también permite que el personal se mantenga al tanto de las últimas tendencias en comercio electrónico y comercio minorista, lo que puede ser crucial para adaptar las estrategias según las necesidades cambiantes del mercado.

Ees importante que las empresas sean proactivas en la recopilación de feedback de los clientes en ambos canales. Las encuestas y las reseñas pueden proporcionar información valiosa sobre la experiencia del cliente, ayudando a las empresas a identificar áreas de mejora y a ajustar sus estrategias de integración. Al estar atentos a las opiniones de los clientes, las empresas pueden implementar cambios que mejoren la satisfacción del cliente y fortalezcan la lealtad a la marca.

La integración del e-commerce con el comercio tradicional es un proceso multifacético que requiere una planificación cuidadosa y una ejecución estratégica. Las empresas que logren crear una experiencia de compra fluida y cohesiva entre ambos canales estarán mejor posicionadas para satisfacer las demandas de los consumidores modernos, aumentar su competitividad y maximizar su potencial de ingresos. Con el crecimiento continuo del comercio electrónico, las organizaciones que prioricen esta integración estarán mejor preparadas para enfrentar los desafíos del futuro y capitalizar las oportunidades que surgen en el panorama digital.

• Estrategias de fidelización y retención de clientes en el entorno digital

Las estrategias de fidelización y retención de clientes en el entorno digital son fundamentales para el éxito de cualquier negocio que busque prosperar en un mercado cada vez más competitivo. En un mundo donde la facilidad de acceso a la información y la variedad de opciones están al alcance de un clic, mantener a los clientes existentes se ha vuelto tan crucial como adquirir nuevos. A continuación, exploraremos en detalle diversas estrategias que pueden ayudar a las empresas a cultivar relaciones duraderas con sus clientes y a fomentar la lealtad en el ámbito digital.

La personalización se ha convertido en una herramienta esencial para la fidelización de clientes. A través de la recopilación y análisis de datos sobre el comportamiento y las preferencias de los usuarios, las empresas pueden ofrecer experiencias más adaptadas a las necesidades individuales de sus clientes. Esto puede incluir recomendaciones de productos basadas en compras anteriores, ofertas personalizadas y comunicaciones dirigidas que resalten la relevancia de la marca para el cliente. La personalización no solo mejora la experiencia del usuario, sino que también aumenta las tasas de conversión, ya que los clientes son más propensos a interactuar con contenido que consideran pertinente y útil.

Otra estrategia eficaz es la implementación de programas de lealtad. Estos programas pueden incentivarse a través de recompensas que los clientes pueden ganar por sus compras o por acciones específicas, como referir amigos o participar en encuestas. Las recompensas pueden variar desde descuentos exclusivos hasta productos gratuitos, y deben ser lo suficientemente atractivas para motivar a los clientes a regresar y realizar compras adicionales. Los programas de lealtad no solo fomentan la repetición de compras, sino que también permiten a las empresas recopilar más datos sobre el comportamiento del cliente, lo que puede utilizarse para mejorar aún más la personalización y la oferta de productos.

La comunicación constante y efectiva es clave para mantener la lealtad del cliente. Las empresas deben utilizar diversos canales, como correos electrónicos, redes sociales y aplicaciones móviles, para mantenerse en contacto con sus clientes. Informar sobre nuevas ofertas, compartir contenido relevante o proporcionar asistencia al cliente a través de estos canales puede fortalecer la relación con el cliente y mantener la marca en la mente del consumidor. Además, el uso de chatbots y herramientas de atención al cliente en línea puede facilitar la resolución de problemas de manera rápida y eficiente, lo que a su vez contribuye a la satisfacción del cliente.

El contenido de calidad también juega un papel fundamental en la fidelización de clientes. Proporcionar contenido valioso, como guías, tutoriales, blogs y videos, no solo establece a la empresa como un referente en su industria, sino que también crea una conexión más profunda con el cliente. Este tipo de contenido puede educar a los clientes sobre el uso de productos o servicios, ofrecer consejos útiles y mejorar la experiencia general del cliente. Cuando los consumidores perciben que una marca se preocupa por su educación y bienestar, es más probable que desarrollen lealtad hacia ella.

El uso de la gamificación en las interacciones digitales puede ser una forma innovadora de fidelizar a los clientes. Implementar elementos de juego, como desafíos, recompensas por completar acciones o competiciones, puede hacer que la experiencia de compra sea más divertida y atractiva. Esta estrategia no solo aumenta la participación del cliente, sino que también puede motivar a los consumidores a volver y participar en actividades relacionadas con la marca.

La transparencia y la autenticidad son aspectos que los consumidores valoran cada vez más. Las empresas que son abiertas sobre sus prácticas comerciales, que comunican claramente sus políticas de devolución y que se involucran en prácticas éticas suelen ganar la confianza y lealtad de los clientes. Además, mostrar cómo se están abordando problemas sociales o medioambientales puede resonar con los clientes, convirtiendo a la marca en una elección preferida para aquellos que valoran la responsabilidad social.

Las reseñas y testimonios de clientes también juegan un papel significativo en la fidelización. Fomentar que los clientes compartan sus experiencias y opiniones no solo ayuda a construir credibilidad, sino que también permite que otros consumidores vean la calidad y el valor de los productos o servicios ofrecidos. Las empresas pueden utilizar estas reseñas para mejorar su oferta, responder a las inquietudes de los clientes y demostrar que valoran el feedback de sus usuarios.

Medir y analizar los resultados de las estrategias de fidelización es esencial para realizar ajustes y mejoras continuas. Las empresas deben establecer métricas clave, como la tasa de retención de clientes, el valor del tiempo de vida del cliente (CLV) y la frecuencia de compra, para evaluar el éxito de sus esfuerzos. Al utilizar herramientas analíticas, las empresas pueden identificar patrones y tendencias en el comportamiento del cliente, lo que les permitirá afinar sus estrategias y seguir mejorando la experiencia del cliente.

Las estrategias de fidelización y retención de clientes en el entorno digital son fundamentales para el crecimiento y la sostenibilidad de cualquier negocio. A través de la personalización, programas de lealtad, comunicación efectiva, contenido de calidad, gamificación, transparencia y análisis de resultados, las empresas pueden cultivar relaciones sólidas y duraderas con sus clientes, asegurando así su éxito en un mercado en constante evolución.

• Métricas clave para medir el éxito de las campañas digitales

Las métricas clave para medir el éxito de las campañas digitales son fundamentales para evaluar el rendimiento de las estrategias implementadas y para realizar ajustes necesarios que optimicen los resultados. Con el crecimiento de la digitalización, la cantidad de datos generados es inmensa, lo que permite a las empresas analizar con precisión cómo sus campañas están impactando en sus objetivos comerciales. A continuación, se detallan las métricas más relevantes que deben considerarse al evaluar el éxito de las campañas digitales.

Una de las métricas más utilizadas es el **retorno de la inversión (ROI)**, que mide la efectividad de una campaña en relación con la cantidad de dinero invertido. Calcular el ROI implica restar el costo de la inversión de los ingresos generados por la campaña, y luego dividir ese resultado por el costo de la inversión. Un ROI positivo indica que la campaña ha sido rentable, mientras que un ROI negativo sugiere que la inversión no ha dado los resultados esperados. Esta métrica es crucial para determinar qué campañas valen la pena mantener o mejorar.

Otra métrica esencial es la **tasa de conversión**, que se refiere al porcentaje de usuarios que completan una acción deseada, como realizar una compra, registrarse en un boletín o descargar un contenido. La tasa de conversión se calcula dividiendo el número de conversiones por el número total de visitantes y multiplicando el resultado por 100. Esta métrica permite a las empresas evaluar la efectividad de sus mensajes, el diseño de sus páginas de destino y la relevancia de su oferta.

La **tasa de clics (CTR)** es otra métrica clave que mide el porcentaje de personas que hacen clic en un anuncio o enlace respecto al número total de impresiones que ha tenido. Un CTR alto indica que el contenido es atractivo y relevante para la audiencia, mientras que un CTR bajo puede señalar la necesidad de mejorar el copy o la segmentación del público. Esta métrica es fundamental para evaluar la efectividad de los anuncios pagados y las estrategias de marketing de contenidos.

La **tasa de retención de clientes** mide la capacidad de una empresa para mantener a sus clientes a lo largo del tiempo. Se calcula dividiendo el número de clientes que permanecen durante un período determinado por el número total de clientes al inicio de ese período, multiplicado por 100. Mantener a los clientes existentes es más rentable que adquirir nuevos, por lo que esta métrica es vital para evaluar la lealtad del cliente y el impacto de las campañas de retención.

El **costo por adquisición (CPA)** es otra métrica que permite a las empresas entender cuánto les cuesta adquirir un nuevo cliente a través de sus campañas digitales. Se calcula dividiendo el total gastado en la campaña por el número de nuevos clientes adquiridos. Un CPA bajo es indicativo de una campaña efectiva y eficiente, mientras que un CPA alto puede sugerir la necesidad de optimizar las estrategias de marketing.

La **visibilidad de la marca** y el **alcance** son métricas que miden cuántas personas han visto o interactuado con una campaña. Esto incluye la cantidad de impresiones, menciones en redes sociales y el número de seguidores ganados. Medir la visibilidad y el alcance permite a las empresas entender el impacto de sus campañas en la conciencia de marca y en la percepción del público.

La **interacción** en redes sociales, que incluye comentarios, compartidos y "me gusta", es una métrica importante para evaluar el compromiso de la audiencia con el contenido. Un alto nivel de interacción puede indicar que la audiencia encuentra el contenido interesante y relevante, lo que puede llevar a una mayor visibilidad y al crecimiento orgánico de la comunidad.

El **análisis del tráfico web**, que incluye métricas como el número total de visitantes, las páginas vistas, el tiempo promedio en el sitio y la tasa de rebote, proporciona información valiosa sobre el comportamiento de los usuarios en línea. Un aumento en el tráfico web a menudo indica que las campañas están atrayendo más visitantes, mientras que un alto tiempo en el sitio y una baja tasa de rebote son signos de que el contenido es atractivo y relevante para los usuarios.

Medir el éxito de las campañas digitales requiere un enfoque multifacético que incluya métricas como el ROI, la tasa de conversión, el CTR, la tasa de retención de clientes, el CPA, la visibilidad de la marca, la interacción en redes sociales y el análisis del tráfico web. Al analizar estas métricas, las empresas pueden obtener una visión clara del rendimiento de sus campañas y realizar ajustes estratégicos que optimicen sus resultados en el entorno digital.

Capítulo 8: Optimización de Procesos a través de la Digitalización

- ## Cómo mejorar la eficiencia y reducir costos mediante la automatización

La automatización se ha convertido en una herramienta fundamental para mejorar la eficiencia y reducir costos en los negocios modernos. Al integrar tecnologías que permiten la ejecución automática de tareas y procesos, las empresas pueden optimizar su funcionamiento, minimizar errores y liberar recursos humanos para que se enfoquen en actividades de mayor valor añadido. Esta mejora en la eficiencia operativa se traduce no solo en un ahorro de tiempo y dinero, sino también en una mayor competitividad en el mercado.

Uno de los aspectos más significativos de la automatización es la **reducción de tareas manuales y repetitivas**. Actividades que anteriormente requerían un considerable esfuerzo humano, como la entrada de datos, la gestión de inventarios o el seguimiento de pedidos, pueden ser automatizadas mediante software específico. Esto no solo minimiza la probabilidad de error humano, sino que también acelera la ejecución de procesos. Por ejemplo, un sistema de gestión de inventario automatizado puede actualizar niveles de stock en tiempo real, alertando a los gerentes cuando es necesario reabastecer productos, lo que evita la sobrecompra o la escasez de productos.

La automatización también facilita la **mejora de la comunicación interna y externa**. Herramientas como el correo electrónico automatizado, las respuestas automáticas en chatbots y los sistemas de gestión de relaciones con clientes (CRM) permiten que la comunicación sea más fluida y eficiente. Esto no solo reduce el tiempo que el personal dedica a responder consultas, sino que también mejora la experiencia del cliente al proporcionar respuestas rápidas y precisas. Por ejemplo, los chatbots pueden manejar consultas simples de los clientes 24/7, liberando al personal de atención al cliente para abordar problemas más complejos.

Además, la automatización permite a las empresas **optimizar el uso de recursos**. Al implementar soluciones automatizadas, las empresas pueden reducir costos operativos relacionados con la mano de obra, ya que las tareas que antes requerían un equipo grande de empleados pueden ser realizadas por un sistema automatizado. Esto es particularmente relevante en sectores como la fabricación y la logística, donde la automatización puede disminuir la necesidad de personal en líneas de producción o en la gestión de almacenes.

La **análisis de datos** es otro área en la que la automatización puede aportar grandes beneficios. Mediante el uso de herramientas de análisis de datos automatizadas, las empresas pueden recopilar, procesar y analizar grandes volúmenes de información de manera más rápida y precisa. Esto les permite tomar decisiones más informadas, identificar tendencias en el comportamiento del cliente y ajustar su estrategia comercial en consecuencia. Por ejemplo, las plataformas de análisis pueden automatizar la segmentación de clientes, permitiendo a las empresas personalizar sus ofertas y marketing de forma más efectiva, lo que puede conducir a un aumento en las ventas y la satisfacción del cliente.

La implementación de tecnologías de automatización también ayuda a **mejorar la escalabilidad de las operaciones**. A medida que una empresa crece, las demandas sobre sus procesos también aumentan. Las soluciones automatizadas pueden escalar fácilmente para manejar un mayor volumen de trabajo sin necesidad de un aumento proporcional en el número de empleados. Esto es crucial para las empresas que buscan expandir su alcance sin comprometer la calidad de sus servicios o productos. Por ejemplo, una plataforma de comercio electrónico puede gestionar un número creciente de transacciones y clientes sin necesidad de aumentar significativamente el personal de soporte.

Sin embargo, para que la automatización sea efectiva, es vital que las empresas realicen una **evaluación cuidadosa de sus procesos** actuales. Identificar áreas que son propensas a errores o que consumen tiempo excesivo es el primer paso para implementar soluciones automatizadas. Esto puede incluir la creación de flujos de trabajo claros que permitan a las organizaciones entender mejor dónde y cómo se pueden aplicar las herramientas de automatización.

La **capacitación del personal** es otro componente crítico. Aunque la automatización puede reducir la carga de trabajo en ciertas áreas, también es necesario que los empleados comprendan cómo funcionan las nuevas tecnologías y cómo pueden complementar su trabajo. Proporcionar formación adecuada no solo asegura que el personal esté preparado para utilizar estas herramientas, sino que también fomenta un entorno de trabajo más colaborativo y productivo.

La automatización se presenta como una estrategia clave para mejorar la eficiencia y reducir costos en los negocios. Al minimizar tareas repetitivas, optimizar la comunicación, mejorar el uso de recursos, analizar datos de manera más efectiva y facilitar la escalabilidad, las empresas pueden posicionarse mejor en un entorno cada vez más competitivo. Para lograr estos beneficios, es esencial llevar a cabo una evaluación minuciosa de los procesos existentes, seleccionar las herramientas adecuadas y preparar al personal para el cambio, creando así un entorno empresarial más ágil y eficaz.

Digitalización de procesos: desde la gestión de inventarios hasta la atención al cliente

La digitalización de procesos se refiere a la conversión de actividades y operaciones tradicionales a formatos digitales, permitiendo así una gestión más eficiente y efectiva de recursos y tiempo. Esta transformación abarca diversas áreas de la empresa, desde la gestión de inventarios hasta la atención al cliente, y es fundamental para que las organizaciones se mantengan competitivas en un mercado en constante evolución.

En el ámbito de la **gestión de inventarios**, la digitalización ha revolucionado la forma en que las empresas supervisan y controlan sus existencias. Antes, el manejo de inventarios se realizaba manualmente, lo que podía resultar en errores humanos, falta de precisión y dificultades para mantener un seguimiento adecuado. Hoy en día, las empresas pueden implementar sistemas de gestión de inventarios basados en software que permiten un seguimiento en tiempo real. Estos sistemas utilizan tecnologías como códigos de barras y RFID (identificación por radiofrecuencia) para registrar automáticamente los movimientos de productos. Esto no solo facilita el control de existencias, sino que también optimiza la reposición de productos, reduce costos de almacenamiento y mejora la precisión de las previsiones de demanda.

Además, la digitalización permite la **integración de inventarios con otros sistemas empresariales**, como el de ventas y la contabilidad. Esta conexión proporciona una visión más completa del negocio, permitiendo a los gerentes tomar decisiones más informadas. Por ejemplo, si un sistema de gestión de ventas muestra un aumento en la demanda de un producto, el sistema de inventarios puede ajustarse automáticamente para reabastecer las existencias en función de esta información, garantizando que la empresa esté siempre lista para satisfacer las necesidades de sus clientes.

En cuanto a la **atención al cliente**, la digitalización ha transformado radicalmente la forma en que las empresas interactúan con sus consumidores. Anteriormente, la atención al cliente se limitaba a canales tradicionales como el teléfono o el correo postal, lo que podía resultar en largos tiempos de espera y una comunicación poco eficiente. Con la digitalización, las empresas han adoptado plataformas como el chat en vivo, las redes sociales y los correos electrónicos, lo que permite una interacción más rápida y personalizada. Los chatbots, alimentados por inteligencia artificial, pueden responder preguntas frecuentes de manera instantánea y brindar asistencia 24/7, mejorando así la experiencia del cliente y liberando al personal para manejar consultas más complejas.

Además, la digitalización de la atención al cliente también incluye la implementación de **sistemas de gestión de relaciones con los clientes (CRM)**. Estas herramientas permiten a las empresas recopilar y analizar datos sobre los clientes, sus preferencias y su historial de compras. Con esta información, las empresas pueden personalizar sus interacciones, ofrecer recomendaciones específicas y anticiparse a las necesidades del cliente, creando una experiencia más satisfactoria y aumentando la lealtad.

La **automatización de procesos** también juega un papel crucial en la digitalización. Por ejemplo, en la gestión de inventarios, las empresas pueden automatizar la creación de órdenes de compra cuando los niveles de stock alcanzan un mínimo determinado. Esto no solo reduce el tiempo y esfuerzo necesarios para realizar estas tareas, sino que también minimiza el riesgo de errores y garantiza que las empresas mantengan niveles de inventario óptimos.

Además, en la atención al cliente, las empresas pueden utilizar herramientas de automatización para segmentar automáticamente a sus clientes en función de su comportamiento y preferencias, permitiendo campañas de marketing más efectivas y personalizadas. Estas campañas pueden ser automatizadas mediante correos electrónicos, mensajes de texto y notificaciones en la aplicación, lo que ayuda a mantener a los clientes informados y comprometidos.

Un aspecto crítico de la digitalización de procesos es la **capacidad de recopilación y análisis de datos**. Tanto en la gestión de inventarios como en la atención al cliente, la digitalización permite a las empresas acumular grandes volúmenes de datos que pueden ser analizados para obtener información valiosa. Por ejemplo, al analizar los patrones de compra, las empresas pueden identificar tendencias y ajustar sus estrategias de ventas y marketing en consecuencia. Esto no solo mejora la eficiencia operativa, sino que también permite a las empresas anticiparse a las demandas del mercado y adaptarse proactivamente.

La digitalización de procesos también plantea desafíos. La implementación de nuevas tecnologías requiere una inversión inicial significativa y puede generar resistencia al cambio entre los empleados. Para mitigar estos desafíos, las empresas deben involucrar a su personal en el proceso de transformación, proporcionar capacitación adecuada y comunicar claramente los beneficios de la digitalización. Fomentar una cultura de innovación y adaptación es crucial para que los empleados se sientan cómodos y empoderados al adoptar nuevas herramientas y procesos.

La digitalización de procesos en áreas como la gestión de inventarios y la atención al cliente es esencial para que las empresas se mantengan competitivas en el entorno empresarial actual. Al adoptar tecnologías digitales, las organizaciones pueden mejorar su eficiencia operativa, reducir costos y ofrecer una experiencia más personalizada y satisfactoria a sus clientes. A medida que el mercado continúa evolucionando, aquellas empresas que abracen la digitalización estarán mejor posicionadas para enfrentar los desafíos y aprovechar las oportunidades que surjan en el futuro.

• Ejemplos de optimización en cadenas de suministro, producción y gestión de pedidos

La optimización en cadenas de suministro, producción y gestión de pedidos es fundamental para mejorar la eficiencia, reducir costos y aumentar la satisfacción del cliente en un entorno empresarial cada vez más competitivo. A continuación, se presentan ejemplos concretos que ilustran cómo diversas empresas han implementado estrategias de optimización en estas áreas clave.

Uno de los ejemplos más destacados en la optimización de la **cadena de suministro** es el caso de **Zara**, la marca insignia de Inditex. Zara ha revolucionado el concepto de moda rápida al implementar un modelo de negocio ágil que le permite llevar rápidamente las últimas tendencias del diseño a sus tiendas. Su estrategia se basa en un control riguroso de su cadena de suministro, donde cada etapa, desde el diseño hasta la distribución, está interconectada. Zara utiliza un sistema de producción "just in time" que le permite fabricar pequeñas cantidades de ropa que se adaptan rápidamente a la demanda del mercado. Además, sus fábricas están ubicadas estratégicamente en proximidad a sus centros de distribución, lo que facilita la rápida reposición de productos en las tiendas. Esta optimización le permite a Zara reducir el inventario excedente, minimizar el riesgo de obsolescencia de los productos y ofrecer a los clientes colecciones nuevas con mayor frecuencia.

Otro ejemplo notable es el de **Amazon**, que ha transformado la gestión de pedidos a través de su innovador sistema de logística. Amazon utiliza una combinación de inteligencia artificial y robótica en sus centros de distribución para optimizar el proceso de picking y empaquetado de pedidos. Los robots ayudan a localizar y recoger productos, lo que no solo acelera el proceso, sino que también reduce los errores de selección. Además, Amazon ha implementado un sistema de seguimiento de pedidos en tiempo real que permite a los clientes conocer la ubicación exacta de sus envíos. Esta eficiencia en la gestión de pedidos y la transparencia del proceso han convertido a Amazon en un líder indiscutible en el comercio electrónico, mejorando la satisfacción del cliente y fomentando la lealtad.

En el ámbito de la **producción**, la empresa automotriz **Toyota** es un referente en la implementación de técnicas de optimización a través del sistema de producción conocido como **Lean Manufacturing**. Este enfoque se centra en la eliminación de desperdicios y la mejora continua, maximizando la eficiencia y reduciendo costos. Toyota ha desarrollado prácticas como el "Just-in-Time" (JIT), donde las piezas y materiales se producen y entregan solo cuando son necesarios en la línea de producción, lo que minimiza el inventario y los costos asociados. Además, la empresa fomenta una cultura de mejora continua (Kaizen) en la que todos los empleados están involucrados en la identificación y eliminación de ineficiencias. Esta estrategia ha permitido a Toyota mantenerse competitiva, adaptarse rápidamente a los cambios en la demanda y garantizar la calidad de sus productos.

En la **gestión de pedidos**, **Starbucks** ha implementado un sistema innovador que utiliza aplicaciones móviles para optimizar la experiencia del cliente y la gestión de pedidos. A través de su aplicación, los clientes pueden realizar pedidos anticipados y personalizarlos según sus preferencias. Esto no solo reduce los tiempos de espera en la tienda, sino que también permite a Starbucks gestionar mejor la demanda en horas pico. El sistema analiza los patrones de pedidos para prever la demanda de ciertos productos en determinados momentos, lo que ayuda a la cadena a planificar con antelación la producción y el aprovisionamiento. Esta optimización en la gestión de pedidos ha resultado en una mayor satisfacción del cliente y un aumento en las ventas.

Un ejemplo de optimización en la **cadena de suministro y gestión de pedidos** se encuentra en **Coca-Cola**, que ha transformado su red de distribución a través de la digitalización y la utilización de datos analíticos. La empresa ha implementado sistemas avanzados de gestión de la cadena de suministro que permiten un seguimiento en tiempo real de sus productos, desde la producción hasta la entrega al cliente. Utilizando análisis predictivos, Coca-Cola puede anticipar la demanda de sus productos en diferentes regiones y ajustar sus niveles de producción y distribución en consecuencia. Además, ha incorporado herramientas digitales que permiten a los minoristas realizar pedidos de forma más eficiente, optimizando la gestión de inventarios y asegurando que los productos estén disponibles para los consumidores. Esta integración de tecnología en su cadena de suministro ha permitido a Coca-Cola mejorar su eficiencia operativa y responder rápidamente a las fluctuaciones del mercado.

Estos ejemplos demuestran cómo la optimización en cadenas de suministro, producción y gestión de pedidos puede llevar a mejoras significativas en la eficiencia y la satisfacción del cliente. La implementación de tecnologías avanzadas, la adopción de prácticas de gestión eficientes y la atención constante a las necesidades del cliente son elementos clave que permiten a las empresas adaptarse y prosperar en un entorno empresarial en constante cambio.

Capítulo 9: Experiencia del Cliente en el Mundo Digital

- ## Adaptar la experiencia del cliente a los nuevos canales digitales

La adaptación de la experiencia del cliente a los nuevos canales digitales es un desafío esencial para las empresas en la era de la transformación digital. Con el auge de la tecnología y la omnipresencia de Internet, los consumidores han cambiado la forma en que interactúan con las marcas, exigiendo experiencias más personalizadas, convenientes y coherentes a través de múltiples plataformas. Para las empresas, esta adaptación no solo implica la implementación de herramientas tecnológicas, sino también un profundo entendimiento de las necesidades y comportamientos de los clientes en el entorno digital.

Uno de los primeros pasos para adaptar la experiencia del cliente es comprender que los consumidores modernos utilizan una variedad de dispositivos y canales para interactuar con las marcas. Desde computadoras de escritorio hasta teléfonos inteligentes y tablets, los clientes esperan que la experiencia sea fluida y uniforme sin importar el dispositivo que utilicen. Las empresas deben asegurarse de que su sitio web y sus aplicaciones móviles estén optimizados para ofrecer una navegación intuitiva, rápida y responsiva. Esto incluye la implementación de diseño responsivo, lo que garantiza que el contenido se ajuste a diferentes tamaños de pantalla, así como la mejora de la velocidad de carga, ya que los consumidores son cada vez más impacientes y propensos a abandonar un sitio que no carga rápidamente.

Además, la personalización se ha convertido en un factor crítico en la experiencia del cliente. Los consumidores esperan que las marcas comprendan sus preferencias y comportamientos. Las empresas pueden utilizar herramientas de análisis de datos para recopilar información sobre las interacciones de los clientes y adaptar sus ofertas en consecuencia. Por ejemplo, el uso de algoritmos de recomendación permite a las empresas sugerir productos o servicios basados en compras anteriores o en la actividad de navegación del cliente. Esta personalización no solo mejora la satisfacción del cliente, sino que también puede aumentar las tasas de conversión y la lealtad a la marca.

La atención al cliente en los canales digitales también ha evolucionado significativamente. Las empresas ahora deben ofrecer múltiples vías para que los clientes se comuniquen, como chat en vivo, redes sociales y correos electrónicos. La rapidez en la respuesta es fundamental; los clientes esperan soluciones inmediatas a sus consultas. La implementación de chatbots y sistemas de atención al cliente automatizados puede ayudar a manejar un alto volumen de solicitudes, garantizando respuestas rápidas a preguntas comunes. Sin embargo, es esencial equilibrar la automatización con la interacción humana; los clientes valoran la posibilidad de hablar con un representante en caso de que sus problemas sean más complejos.

La experiencia del cliente también se extiende a la creación de una narrativa de marca coherente en todos los canales. Las empresas deben asegurarse de que su mensaje, tono y valores sean consistentes en el sitio web, las redes sociales y cualquier otro punto de contacto. Esto no solo ayuda a construir confianza, sino que también crea una identidad de marca más fuerte que resuena con los consumidores. La coherencia también se traduce en la experiencia de compra; los clientes que compran en línea deben encontrar el mismo nivel de servicio y atención que recibirían en una tienda física.

Otra consideración importante en la adaptación de la experiencia del cliente es la integración de opciones de pago y la seguridad en las transacciones. Los consumidores son más propensos a completar una compra si las opciones de pago son variadas y seguras. Las empresas deben invertir en tecnologías de pago que ofrezcan múltiples alternativas, como tarjetas de crédito, monederos digitales y opciones de pago a plazos. La seguridad en las transacciones también es primordial; los clientes quieren sentir que sus datos están protegidos. La implementación de protocolos de seguridad robustos y la comunicación transparente sobre las políticas de privacidad son esenciales para generar confianza.

La retroalimentación del cliente es una herramienta invaluable para la mejora continua de la experiencia. Las empresas deben fomentar y facilitar la retroalimentación a través de encuestas, reseñas y comentarios en redes sociales. Escuchar a los clientes y actuar en base a sus opiniones permite a las empresas realizar ajustes necesarios y demostrar que valoran la voz del consumidor. La incorporación de estas retroalimentaciones no solo mejora la experiencia del cliente, sino que también puede guiar futuras innovaciones y estrategias de negocio.

Adaptar la experiencia del cliente a los nuevos canales digitales requiere un enfoque multifacético que abarca la optimización de la tecnología, la personalización de la interacción, la atención al cliente ágil, la coherencia de la marca, la seguridad en las transacciones y la retroalimentación constante. Las empresas que logren crear experiencias digitales excepcionales no solo aumentarán la satisfacción del cliente, sino que también fortalecerán su posición en un mercado cada vez más competitivo y en constante evolución.

• Uso de datos para personalizar la experiencia del cliente

El uso de datos para personalizar la experiencia del cliente es una estrategia fundamental en el entorno empresarial actual, donde la información se ha convertido en un recurso invaluable. La capacidad de recopilar, analizar y aplicar datos permite a las empresas ofrecer experiencias más relevantes y adaptadas a las necesidades individuales de cada cliente. Este enfoque no solo mejora la satisfacción del cliente, sino que también impulsa la lealtad y fomenta relaciones más profundas entre las marcas y los consumidores.

La personalización comienza con la recopilación de datos. Hoy en día, las empresas tienen acceso a una amplia variedad de fuentes de información que pueden incluir datos demográficos, comportamentales, transaccionales y de preferencias. A través de la interacción en línea, las empresas pueden recopilar datos sobre las páginas que los clientes visitan, los productos que buscan, los artículos que añaden a su carrito y las compras que realizan. Esta información se puede recopilar de forma ética y transparente, asegurando que los clientes sean conscientes de cómo se utilizarán sus datos y ofreciendo la opción de participar.

Una vez que se han recopilado los datos, el siguiente paso es analizarlos para extraer información valiosa. Las herramientas de análisis de datos y los algoritmos de aprendizaje automático permiten a las empresas identificar patrones y tendencias en el comportamiento del cliente. Por ejemplo, una tienda de ropa en línea podría descubrir que ciertos segmentos de clientes prefieren estilos específicos o que ciertos productos tienen una mayor tasa de conversión durante determinadas temporadas. Este tipo de análisis permite a las empresas anticipar las necesidades de los clientes y adaptar sus ofertas en consecuencia.

La personalización se puede aplicar en varias etapas del recorrido del cliente. En la fase de descubrimiento, las empresas pueden utilizar datos para crear recomendaciones de productos personalizadas. Por ejemplo, un cliente que ha mostrado interés en un tipo de zapatilla podría recibir sugerencias de otros modelos que comparten características similares. Esto no solo aumenta la probabilidad de conversión, sino que también hace que la experiencia de compra sea más gratificante y eficiente para el consumidor.

Durante la fase de compra, las empresas pueden utilizar datos para personalizar el proceso de pago. Por ejemplo, si un cliente ha guardado ciertos artículos en su carrito de compras, se le podría enviar un recordatorio a través de un correo electrónico o una notificación push, junto con un incentivo, como un descuento limitado, para finalizar la compra. Esta táctica no solo ayuda a reducir la tasa de abandono del carrito, sino que también demuestra al cliente que la marca está atenta a sus intereses.

Además, la personalización continúa más allá de la transacción. Las empresas pueden utilizar datos post-compra para mejorar la experiencia del cliente a través de un servicio al cliente más efectivo. Por ejemplo, si un cliente ha adquirido un producto, se le puede ofrecer contenido relevante, como guías de uso, vídeos tutoriales o productos complementarios. La comunicación personalizada, como correos electrónicos de agradecimiento y solicitudes de comentarios, también puede ser una forma efectiva de involucrar al cliente y construir una relación a largo plazo.

Sin embargo, la personalización de la experiencia del cliente no se trata solo de ofrecer recomendaciones y promociones. También implica respetar la privacidad y los derechos de los clientes. Las empresas deben ser transparentes sobre cómo utilizan los datos y ofrecer opciones claras para que los clientes controlen su información. La confianza es un elemento crucial en la relación entre el consumidor y la marca; los clientes están más dispuestos a compartir sus datos si sienten que su privacidad está protegida y que su información se utiliza de manera responsable.

La implementación de la personalización impulsada por datos también plantea desafíos. Las empresas deben invertir en tecnología y herramientas adecuadas para gestionar y analizar grandes volúmenes de datos. Esto puede incluir plataformas de gestión de relaciones con el cliente (CRM), sistemas de análisis de datos y herramientas de automatización de marketing. Además, es fundamental contar con personal capacitado que pueda interpretar los datos y tomar decisiones informadas basadas en ellos.

El uso de datos para personalizar la experiencia del cliente es una estrategia poderosa que puede transformar la forma en que las empresas interactúan con sus consumidores. Al recopilar y analizar datos de manera efectiva, las empresas pueden ofrecer experiencias más relevantes, aumentar la satisfacción del cliente y fomentar relaciones más sólidas. Sin embargo, es esencial equilibrar la personalización con la ética y la transparencia para construir la confianza del cliente y garantizar el éxito a largo plazo. La personalización no solo es una ventaja competitiva; es una expectativa fundamental en el entorno empresarial moderno, y las empresas que la implementan de manera efectiva estarán mejor posicionadas para prosperar en un mercado en constante evolución.

• Creación de interacciones fluidas entre canales físicos y digitales (omnichannel)

La creación de interacciones fluidas entre canales físicos y digitales, también conocida como estrategia omnicanal, es un enfoque que busca ofrecer una experiencia cohesiva y sin interrupciones a los clientes a lo largo de su recorrido de compra, independientemente del canal que elijan para interactuar con la marca. En un mundo donde los consumidores navegan entre plataformas en línea y puntos de venta físicos, las empresas deben asegurarse de que cada punto de contacto se comunique y funcione en armonía para maximizar la satisfacción del cliente y fomentar la lealtad.

La esencia de una estrategia omnicanal radica en la integración y la consistencia. Esto significa que, ya sea que un cliente visite una tienda física, utilice una aplicación móvil o navegue por un sitio web, la experiencia debería ser coherente en términos de mensajes, promociones y servicio al cliente. Por ejemplo, un cliente que ve un producto en línea debe poder encontrar el mismo artículo en la tienda física, con la misma información de precios y disponibilidad. Esta alineación no solo crea confianza en la marca, sino que también reduce la frustración del cliente al evitar discrepancias que podrían llevar a confusiones o desconfianza.

La implementación de un enfoque omnicanal comienza con una comprensión profunda del comportamiento del consumidor y sus preferencias. Las empresas deben utilizar datos para mapear el recorrido del cliente y identificar en qué canales interactúan en cada etapa de su proceso de compra. Esto implica una recopilación de datos integral que abarque desde el comportamiento de navegación en línea hasta las compras en tienda y las interacciones con el servicio al cliente. A partir de esta información, las empresas pueden diseñar estrategias específicas que aborden las necesidades y expectativas de sus clientes en cada punto de contacto.

Un aspecto crucial de la estrategia omnicanal es la tecnología que permite la integración de los diferentes canales. Las plataformas de gestión de relaciones con el cliente (CRM), los sistemas de gestión de inventario y las herramientas de análisis de datos juegan un papel fundamental en la creación de una experiencia fluida. Estos sistemas deben estar interconectados para que la información se actualice en tiempo real, permitiendo a los empleados acceder a datos precisos sobre el stock disponible, las compras anteriores de los clientes y las preferencias individuales. Esto capacita a los empleados para ofrecer un servicio al cliente más efectivo, ya que pueden personalizar las interacciones basándose en la historia y los intereses del cliente.

La atención al cliente es otro componente esencial en un entorno omnicanal. Los clientes deben poder recibir asistencia a través de varios canales, ya sea en persona, por teléfono, chat en línea o redes sociales. La clave es garantizar que la información se comparta entre estos canales, de modo que los clientes no tengan que repetir su consulta al cambiar de un canal a otro. Por ejemplo, si un cliente inicia una conversación a través de un chat en línea y luego decide visitar la tienda física, el personal de la tienda debería poder acceder al historial de la conversación y continuar desde donde se quedó. Esto no solo mejora la experiencia del cliente, sino que también refuerza la percepción de que la empresa se preocupa por sus necesidades.

Además, la personalización juega un papel vital en la creación de interacciones fluidas entre los canales. Utilizando datos recopilados de interacciones previas, las empresas pueden ofrecer recomendaciones y promociones personalizadas que resuenen con los intereses del cliente. Por ejemplo, si un cliente realiza una compra en línea de un artículo específico, puede recibir un correo electrónico de seguimiento con ofertas relacionadas que pueden ser canjeadas en la tienda física. Esta estrategia no solo aumenta la probabilidad de ventas adicionales, sino que también fomenta una sensación de relevancia y conexión con la marca.

Las empresas también deben considerar la logística en su estrategia omnicanal. La capacidad de comprar en línea y recoger en la tienda, o realizar devoluciones en cualquier canal, es fundamental para proporcionar una experiencia del cliente sin fricciones. Los consumidores valoran la flexibilidad y la conveniencia, y las empresas que pueden facilitar estas opciones no solo cumplen con las expectativas de los clientes, sino que también se diferencian de la competencia.

Es crucial que las empresas midan y evalúen constantemente la efectividad de su estrategia omnicanal. Esto incluye el seguimiento de métricas clave, como el rendimiento de ventas en cada canal, la satisfacción del cliente y el tiempo de respuesta del servicio al cliente. Al analizar estos datos, las empresas pueden identificar áreas de mejora y ajustar sus enfoques para optimizar la experiencia del cliente.

La creación de interacciones fluidas entre canales físicos y digitales es un componente esencial de la estrategia empresarial moderna. A medida que los consumidores buscan experiencias cada vez más integradas y personalizadas, las empresas que adopten un enfoque omnicanal estarán mejor posicionadas para satisfacer sus necesidades y superar sus expectativas. La clave está en la coherencia, la tecnología, la personalización y la atención al cliente, todos elementos que, cuando se ejecutan correctamente, pueden transformar el recorrido del cliente en una experiencia memorable y gratificante.

• La importancia del feedback en la era digital

En la era digital, el feedback se ha convertido en un pilar fundamental para el éxito de las empresas. La capacidad de recibir y actuar sobre la retroalimentación de clientes, empleados y otras partes interesadas es esencial para adaptarse a un entorno de negocios en constante evolución. En un mundo donde la información fluye rápidamente y las opiniones se comparten instantáneamente a través de plataformas digitales, entender la importancia del feedback no solo es estratégico, sino que es una necesidad para la supervivencia empresarial.

La retroalimentación de los clientes, en particular, es un recurso valioso que ofrece a las empresas una ventana directa a las necesidades, deseos y expectativas de su audiencia. En un mercado cada vez más competitivo, la capacidad de captar y analizar el feedback permite a las organizaciones tomar decisiones informadas que pueden mejorar productos, servicios y experiencias del cliente. Este proceso no solo ayuda a identificar áreas de mejora, sino que también permite a las empresas anticiparse a las tendencias emergentes, ajustando su oferta antes de que la competencia lo haga.

El feedback también juega un papel crucial en la personalización de la experiencia del cliente. En la era digital, los consumidores esperan interacciones personalizadas que reflejen sus preferencias individuales. Al recopilar y analizar datos de retroalimentación, las empresas pueden ofrecer recomendaciones personalizadas, promociones específicas y comunicaciones más relevantes. Esto no solo mejora la satisfacción del cliente, sino que también fomenta la lealtad y la retención, ya que los consumidores se sienten valorados y comprendidos.

La inmediatez del feedback digital también permite a las empresas reaccionar rápidamente ante problemas o quejas. En un entorno donde las reseñas en línea y las redes sociales pueden influir drásticamente en la reputación de una marca, abordar los comentarios negativos con prontitud es esencial. Un manejo efectivo de las quejas no solo puede convertir a un cliente insatisfecho en un defensor de la marca, sino que también demuestra a la audiencia que la empresa está comprometida con la mejora continua y la satisfacción del cliente.

Además, el feedback no se limita a los clientes; los empleados también son una fuente crítica de información. En la era digital, donde la colaboración y la comunicación son más fluidas, las organizaciones pueden beneficiarse enormemente al crear un entorno donde el feedback sea bienvenido y valorado. Los empleados que sienten que sus opiniones son escuchadas y consideradas son más propensos a estar comprometidos y motivados, lo que a su vez mejora la productividad y la calidad del trabajo. Este enfoque colaborativo puede ser un motor clave para la innovación, ya que los empleados en todos los niveles pueden contribuir con ideas y sugerencias que impulsen la transformación digital de la empresa.

Las herramientas digitales han facilitado enormemente la recopilación de feedback. Desde encuestas en línea hasta análisis de redes sociales y plataformas de revisión, las empresas tienen acceso a una variedad de métodos para obtener información valiosa. Utilizar estas herramientas de manera efectiva permite a las organizaciones analizar patrones y tendencias en el feedback, facilitando decisiones estratégicas basadas en datos.

No obstante, es importante recordar que la recopilación de feedback es solo el primer paso. La verdadera importancia del feedback en la era digital radica en la capacidad de las empresas para actuar sobre la información recopilada. Esto implica no solo implementar cambios basados en el feedback, sino también comunicar estos cambios a las partes interesadas. Los clientes y empleados deben ser informados sobre cómo sus comentarios han influido en las decisiones de la empresa, lo que refuerza la confianza y la percepción de que la organización realmente valora su input.

El feedback en la era digital es un recurso poderoso que puede impulsar la mejora continua, la innovación y la satisfacción del cliente. Las empresas que comprenden y aprovechan la importancia del feedback no solo estarán mejor equipadas para adaptarse a un entorno en constante cambio, sino que también podrán construir relaciones más sólidas con sus clientes y empleados, lo que resulta en un crecimiento sostenido y un éxito a largo plazo.

Capítulo 10: Medición y Evaluación del Éxito Digital

• KPI clave para evaluar el rendimiento digital de la empresa

La evaluación del rendimiento digital de una empresa es fundamental para garantizar que las estrategias implementadas en el entorno digital estén dando los resultados esperados y contribuyan al logro de los objetivos comerciales. Para llevar a cabo esta evaluación, es necesario utilizar indicadores clave de rendimiento (KPI) que proporcionen información precisa y relevante. A continuación, se describen algunos de los KPI más importantes para evaluar el rendimiento digital de una empresa.

Uno de los KPI más fundamentales es el tráfico web. Este indicador mide la cantidad de visitantes que recibe un sitio web durante un período específico. El tráfico web se puede desglosar en tráfico orgánico, que proviene de motores de búsqueda; tráfico directo, que son visitas directas al URL del sitio; y tráfico de referencia, que se origina a partir de enlaces en otros sitios web. Un aumento en el tráfico web puede indicar un mayor interés en la marca, la efectividad de las campañas de marketing digital y el posicionamiento en los motores de búsqueda.

El siguiente KPI clave es la tasa de conversión. Este indicador mide el porcentaje de visitantes que completan una acción deseada, como realizar una compra, registrarse para recibir un boletín informativo o descargar un recurso. La tasa de conversión es esencial para evaluar la efectividad de la estrategia digital de la empresa, ya que una alta tasa indica que el sitio web y su contenido están alineados con las necesidades y expectativas de los usuarios.

La duración promedio de la sesión es otro KPI que proporciona información valiosa sobre el compromiso del usuario. Este indicador mide el tiempo promedio que los visitantes pasan en el sitio web durante cada visita. Una duración de sesión más larga suele estar asociada con un contenido atractivo y relevante, lo que sugiere que los visitantes están interesados en lo que la empresa tiene para ofrecer. Por el contrario, una duración de sesión corta puede indicar que el contenido no está resonando con la audiencia o que la navegación en el sitio no es intuitiva.

El costo de adquisición de clientes (CAC) es otro KPI crucial que mide cuánto cuesta adquirir un nuevo cliente a través de las estrategias digitales de la empresa. Este indicador incluye todos los gastos asociados con la publicidad y el marketing, divididos por la cantidad de nuevos clientes adquiridos durante un período determinado. Un CAC bajo es deseable, ya que sugiere que la empresa está utilizando sus recursos de manera eficiente para atraer nuevos clientes.

La retención de clientes es igualmente importante y se mide a través del KPI de tasa de retención. Este indicador mide el porcentaje de clientes que continúan haciendo negocios con la empresa durante un período específico. Mantener a los clientes existentes es generalmente más rentable que adquirir nuevos, por lo que una alta tasa de retención indica que los clientes están satisfechos con los productos o servicios ofrecidos y que la empresa está cumpliendo sus expectativas.

La satisfacción del cliente también se puede medir a través del Net Promoter Score (NPS). Este KPI evalúa la lealtad del cliente y su disposición a recomendar la empresa a otros. Se basa en una simple pregunta: "¿En qué medida recomendarías nuestra empresa a un amigo o colega?" Un NPS alto indica un alto nivel de satisfacción y lealtad del cliente, mientras que un NPS bajo puede ser una señal de problemas que necesitan ser abordados.

El retorno sobre la inversión (ROI) de las campañas digitales es otro KPI que ayuda a evaluar la efectividad de las estrategias implementadas. Este indicador mide la rentabilidad de una inversión en marketing digital y se calcula dividiendo los ingresos generados por la campaña entre los costos asociados a ella. Un ROI positivo indica que la campaña está generando más ingresos de los que cuesta, lo que es fundamental para justificar y planificar futuras inversiones en marketing.

La interacción en redes sociales también se ha convertido en un KPI esencial para las empresas en la era digital. Este indicador incluye métricas como el número de "me gusta", comentarios, compartidos y seguidores en las plataformas sociales. Un alto nivel de interacción sugiere que el contenido está resonando con la audiencia y que la marca está construyendo una comunidad activa en línea.

La tasa de rebote es un KPI que mide el porcentaje de visitantes que abandonan el sitio web después de ver solo una página. Una alta tasa de rebote puede indicar que los visitantes no encontraron el contenido relevante o que la experiencia del usuario es deficiente, lo que puede ser un área clave a mejorar.

La evaluación del rendimiento digital de una empresa requiere el uso de una variedad de KPI que aborden diferentes aspectos de la experiencia del cliente, la efectividad del marketing y la eficiencia operativa. Al monitorear y analizar estos indicadores, las empresas pueden obtener información valiosa que les permita ajustar sus estrategias, mejorar su rendimiento y adaptarse a un entorno digital en constante cambio.

• Técnicas de análisis y herramientas de medición

La medición del rendimiento digital es esencial para las empresas que buscan maximizar su efectividad en un entorno en constante evolución. Para llevar a cabo este proceso, se utilizan diversas técnicas de análisis y herramientas de medición que permiten recopilar, analizar e interpretar datos. Estas técnicas y herramientas ayudan a las empresas a entender el comportamiento de sus clientes, evaluar la efectividad de sus campañas digitales y tomar decisiones informadas. A continuación, se describen algunas de las técnicas de análisis más comunes y herramientas de medición que las empresas pueden utilizar para mejorar su rendimiento digital.

Una de las técnicas más fundamentales es el análisis de tráfico web, que se realiza a través de plataformas como Google Analytics. Esta herramienta permite a las empresas monitorear el tráfico que recibe su sitio web, proporcionando datos sobre el número de visitantes, las páginas que visitan, la duración de las sesiones y las fuentes de tráfico. A través del análisis de estas métricas, las empresas pueden identificar patrones de comportamiento, optimizar el contenido y mejorar la experiencia del usuario en su sitio web.

El análisis de cohortes es otra técnica que permite a las empresas segmentar a sus usuarios en grupos basados en características específicas o comportamientos, como la fecha de adquisición. Al analizar el rendimiento de cada cohorte a lo largo del tiempo, las empresas pueden obtener información sobre la retención de clientes y la efectividad de sus estrategias de marketing. Esta técnica es especialmente útil para identificar tendencias y ajustar las campañas en función de cómo responden diferentes grupos de clientes.

La investigación de mercado también juega un papel clave en la medición del rendimiento digital. Las encuestas y cuestionarios en línea permiten a las empresas recopilar comentarios directos de los clientes sobre su experiencia, preferencias y nivel de satisfacción. Herramientas como SurveyMonkey y Google Forms facilitan la creación y distribución de estas encuestas, permitiendo a las empresas obtener información valiosa sobre lo que funciona y lo que no en sus estrategias digitales.

El análisis de sentimiento es otra técnica que se ha vuelto popular en la era digital. Utilizando herramientas de minería de datos y análisis de texto, las empresas pueden evaluar cómo se siente su audiencia sobre su marca, productos o servicios a través de menciones en redes sociales, comentarios en blogs y reseñas en línea. Herramientas como Brandwatch y Hootsuite permiten a las empresas realizar un seguimiento del sentimiento general en torno a su marca y ajustar sus estrategias en consecuencia.

El uso de herramientas de seguimiento de redes sociales también es esencial para medir la efectividad de las campañas en plataformas sociales. Herramientas como Sprout Social, Buffer y Socialbakers permiten a las empresas monitorear la interacción, el alcance y la participación en sus publicaciones en redes sociales. Al analizar estos datos, las empresas pueden determinar qué tipos de contenido generan más engagement y ajustar sus estrategias de contenido en consecuencia.

El análisis de conversiones es una técnica crucial para evaluar la efectividad de las campañas digitales. Herramientas como Google Tag Manager y Crazy Egg permiten a las empresas rastrear el comportamiento de los usuarios en su sitio web y analizar cómo los visitantes interactúan con diferentes elementos, como botones de llamada a la acción y formularios. Estos datos son fundamentales para optimizar la tasa de conversión y mejorar el retorno de la inversión en marketing.

La implementación de pruebas A/B es otra técnica eficaz para medir el rendimiento digital. A través de esta metodología, las empresas pueden crear dos versiones de una página web, anuncio o contenido y enviar una a un segmento de su audiencia y la otra al segundo segmento. Al analizar los resultados, las empresas pueden determinar cuál de las dos versiones es más efectiva y hacer ajustes basados en datos reales.

Las herramientas de análisis de datos, como Tableau y Power BI, permiten a las empresas visualizar y analizar grandes volúmenes de datos de una manera comprensible. Estas plataformas ayudan a las empresas a identificar patrones y tendencias a través de visualizaciones gráficas, facilitando la toma de decisiones informadas basadas en datos.

La analítica de comercio electrónico es clave para las empresas que venden productos o servicios en línea. Herramientas como Shopify y WooCommerce ofrecen informes detallados sobre ventas, ingresos y comportamiento del cliente, permitiendo a las empresas analizar el rendimiento de sus productos y ajustar sus estrategias de marketing y ventas en consecuencia.

La medición del rendimiento digital es un proceso multifacético que implica la aplicación de diversas técnicas de análisis y el uso de herramientas de medición. Desde el análisis de tráfico web hasta la investigación de mercado y el seguimiento de redes sociales, estas técnicas y herramientas proporcionan a las empresas la información necesaria para optimizar sus estrategias digitales, mejorar la experiencia del cliente y alcanzar sus objetivos comerciales. Al integrar estos métodos en su enfoque, las empresas pueden adaptarse mejor a un entorno digital en constante cambio y mantener su competitividad en el mercado.

• Evaluación de resultados y ajustes estratégicos

La evaluación de resultados y la implementación de ajustes estratégicos son componentes críticos del proceso de transformación digital en los negocios. A medida que las empresas implementan nuevas tecnologías y estrategias digitales, es fundamental medir el impacto de estas acciones para asegurar que se alineen con los objetivos comerciales y aporten el valor esperado. Este proceso implica un ciclo continuo de análisis, reflexión y adaptación que permite a las organizaciones no solo sobrevivir, sino prosperar en un entorno empresarial cada vez más competitivo y dinámico.

La primera etapa de este proceso es la recopilación de datos. Las empresas deben establecer indicadores clave de rendimiento (KPI) que se alineen con sus objetivos estratégicos. Estos KPI pueden incluir métricas relacionadas con el tráfico del sitio web, la tasa de conversión, la retención de clientes, el retorno de la inversión en marketing y la satisfacción del cliente, entre otros. La recolección sistemática de estos datos permite a las empresas obtener una visión clara de cómo están funcionando sus iniciativas digitales y qué áreas necesitan atención.

Una vez que se han recopilado los datos, es esencial realizar un análisis exhaustivo para evaluar el rendimiento. Este análisis no solo se centra en los resultados cuantitativos, sino que también considera factores cualitativos, como el feedback de los clientes y la percepción de la marca. Al combinar datos numéricos con comentarios y opiniones, las empresas pueden obtener una comprensión más completa de cómo sus estrategias están siendo recibidas y qué ajustes podrían ser necesarios.

La evaluación también debe incluir la comparación de resultados contra benchmarks internos y externos. Al establecer comparaciones con el rendimiento previo y con las mejores prácticas de la industria, las empresas pueden identificar brechas en su rendimiento y oportunidades para mejorar. Esta práctica permite no solo reconocer el éxito, sino también aprender de las áreas que requieren mayor atención.

Después de llevar a cabo el análisis, es el momento de reflexionar sobre los resultados y considerar los ajustes estratégicos necesarios. Esto implica un proceso de reflexión crítica donde los líderes y los equipos de trabajo evalúan lo que ha funcionado bien y lo que no. Las reuniones de revisión, las sesiones de lluvia de ideas y las discusiones en equipo son fundamentales para fomentar un ambiente en el que todos se sientan cómodos compartiendo sus percepciones y sugerencias.

Los ajustes estratégicos pueden abarcar una amplia gama de acciones, desde pequeñas modificaciones en las tácticas de marketing digital hasta cambios más significativos en la estructura organizativa o en los modelos de negocio. Por ejemplo, si una campaña de marketing no está generando el retorno esperado, se pueden explorar nuevas estrategias de segmentación, ajustar el mensaje o probar diferentes canales de distribución. Si los datos indican que los clientes están buscando una experiencia más personalizada, la empresa podría invertir en tecnologías de automatización y análisis de datos para mejorar la personalización de la experiencia del cliente.

Además, es fundamental que las empresas mantengan una mentalidad ágil durante este proceso. La transformación digital es un viaje continuo, y las organizaciones deben estar dispuestas a adaptarse rápidamente a medida que evolucionan las condiciones del mercado y las expectativas de los clientes. Esto implica establecer ciclos de retroalimentación regulares que permitan evaluar continuamente el rendimiento y hacer ajustes en tiempo real.

Un enfoque proactivo hacia la evaluación y los ajustes estratégicos también implica la capacitación y el empoderamiento de los empleados. Al fomentar una cultura de innovación y adaptación, las empresas pueden motivar a su personal a participar activamente en la identificación de oportunidades de mejora y en la implementación de cambios. Esto no solo aumenta la moral del equipo, sino que también contribuye a un ambiente de trabajo donde la transformación digital es vista como una oportunidad en lugar de un desafío.

La evaluación de resultados y los ajustes estratégicos deben ser documentados y comunicados de manera efectiva dentro de la organización. Esta transparencia asegura que todos los miembros del equipo estén alineados con la dirección estratégica y comprendan cómo sus roles individuales contribuyen al éxito colectivo. Además, compartir los resultados y las lecciones aprendidas con todas las partes interesadas, incluyendo a los clientes y socios, puede reforzar la confianza en la marca y en su compromiso con la mejora continua.

La evaluación de resultados y la realización de ajustes estratégicos son fundamentales para el éxito de la transformación digital en los negocios. A través de un enfoque sistemático que incluye la recopilación de datos, el análisis exhaustivo, la reflexión crítica y la disposición a adaptarse, las empresas pueden maximizar el valor de sus iniciativas digitales y posicionarse favorablemente en un mercado en constante evolución. Este ciclo de evaluación y ajuste no solo mejora el rendimiento operativo, sino que también fortalece la relación con los clientes y sienta las bases para un crecimiento sostenible a largo plazo.

Capítulo 11: Casos de Éxito en Transformación Digital

- ## Estudios de caso de negocios tradicionales que lograron transformarse digitalmente

Los estudios de caso de negocios tradicionales que han logrado transformarse digitalmente ofrecen valiosas lecciones sobre cómo adaptarse a un entorno empresarial en constante cambio. Estos ejemplos demuestran cómo la implementación de tecnologías digitales y nuevas estrategias pueden revitalizar empresas que, a primera vista, podrían parecer anacrónicas en un mundo cada vez más digital. A continuación, se presentan algunos casos destacados que ilustran esta transformación.

Uno de los ejemplos más emblemáticos es el de **Blockbuster**, la famosa cadena de alquiler de videos. Durante sus años de apogeo, Blockbuster dominó el mercado del entretenimiento en casa, con miles de tiendas en todo el mundo. Sin embargo, la empresa no se adaptó rápidamente a la creciente popularidad del streaming. Mientras que competidores como **Netflix** comenzaron a ofrecer servicios de transmisión digital, Blockbuster mantuvo su enfoque en el alquiler físico de DVDs. Aunque en un momento se consideró que tenían la oportunidad de adquirir Netflix, la falta de visión sobre la importancia del cambio digital resultó en su declive. Este caso resalta la necesidad de adaptarse a las tendencias emergentes en la tecnología y la forma en que el consumidor consume entretenimiento.

Otro ejemplo notable es el de **Kodak**, que durante décadas fue sinónimo de fotografía. La compañía fue pionera en el desarrollo de la fotografía digital, pero se mostró reticente a dejar de lado su modelo de negocio basado en la venta de películas fotográficas. A pesar de haber desarrollado la primera cámara digital en 1975, Kodak no capitalizó esta innovación debido a su dependencia de sus productos tradicionales. Sin embargo, en su proceso de transformación, Kodak finalmente se reinventó como una empresa de tecnología digital, enfocándose en servicios de impresión y soluciones de imágenes para empresas. Este caso subraya la importancia de no solo reconocer la innovación, sino también de tomar decisiones audaces que prioricen la transformación a largo plazo.

LEGO, el famoso fabricante de juguetes, también es un caso de éxito en la transformación digital. A finales de la década de 1990 y principios de 2000, la compañía enfrentó serios desafíos financieros debido a una mala gestión y a la competencia de videojuegos y juguetes electrónicos. LEGO comenzó a digitalizar su oferta mediante la creación de videojuegos, películas y una plataforma en línea donde los usuarios pueden compartir sus creaciones. La implementación de la plataforma LEGO Ideas permitió a los fanáticos proponer y votar por nuevos sets de construcción, fomentando una comunidad activa y comprometida. Esta estrategia no solo revitalizó la marca, sino que también le permitió recuperar su posición como líder en la industria del juguete. LEGO demostró que al abrazar la tecnología y el feedback del cliente, las empresas pueden innovar su oferta y fomentar un crecimiento sostenible.

Nike es otro ejemplo de transformación digital exitosa. La compañía de ropa y calzado deportivo ha adoptado la digitalización de múltiples formas. Desde el lanzamiento de aplicaciones como **Nike+**, que permite a los usuarios rastrear su actividad física y conectarse con otros corredores, hasta la implementación de tecnologías de personalización como el servicio **Nike By You**, donde los clientes pueden diseñar sus propios zapatos. Nike también ha invertido en comercio electrónico, lo que les ha permitido expandir su alcance de mercado y ofrecer una experiencia de compra más personalizada y conveniente. Este caso ilustra cómo las empresas pueden utilizar la digitalización para crear conexiones más profundas con sus consumidores y mejorar su experiencia general.

El caso de **General Electric (GE)** muestra cómo una empresa industrial tradicional puede adoptar la transformación digital. GE lanzó su iniciativa **GE Digital**, centrada en la creación de software industrial para optimizar la eficiencia operativa. La implementación del software **Predix** ha permitido a la empresa analizar datos en tiempo real para mejorar el mantenimiento y la operación de maquinaria industrial. A través de esta transformación, GE ha logrado no solo modernizar sus procesos, sino también posicionarse como un líder en la era de la Industria 4.0. Este caso demuestra que la transformación digital no solo se trata de tecnología, sino de una visión estratégica que abraza el cambio y busca la innovación en el núcleo de la empresa.

Estos estudios de caso destacan la importancia de la transformación digital para los negocios tradicionales. A través de una combinación de innovación, adaptabilidad y una comprensión clara de las necesidades del cliente, estas empresas han podido no solo sobrevivir, sino también prosperar en un entorno empresarial que sigue evolucionando. Las lecciones aprendidas de estos casos son invaluables para cualquier organización que busque embarcarse en su propio viaje de transformación digital, subrayando que el cambio es no solo inevitable, sino esencial para el éxito a largo plazo.

Análisis de sectores como retail, banca, manufactura y servicios

El análisis de sectores como retail, banca, manufactura y servicios revela cómo cada uno de ellos ha sido impactado de manera única por la transformación digital y la adopción de nuevas tecnologías. A continuación, se examinan las características, desafíos y oportunidades de digitalización que enfrentan estos sectores.

El sector **retail** ha experimentado una revolución significativa con la llegada de la digitalización. Las empresas minoristas han pasado de un enfoque tradicional de ventas en tienda a un modelo omnicanal que integra las experiencias de compra en línea y físicas. La digitalización ha permitido a los minoristas recolectar y analizar datos de los clientes para personalizar ofertas y mejorar la experiencia del cliente. Además, la implementación de plataformas de comercio electrónico ha permitido a las marcas expandir su alcance globalmente, mientras que las tecnologías como la inteligencia artificial y el machine learning están optimizando la gestión de inventarios y la logística. Sin embargo, este sector también enfrenta desafíos, como la competencia de gigantes del comercio electrónico y la necesidad de adaptarse rápidamente a las cambiantes preferencias de los consumidores. Los minoristas que logran combinar eficazmente sus operaciones físicas y digitales pueden generar un valor añadido significativo y mantener una ventaja competitiva.

En el sector **bancario**, la transformación digital ha sido impulsada por la necesidad de mejorar la eficiencia operativa y ofrecer una experiencia más centrada en el cliente. Los bancos están adoptando tecnologías como el mobile banking, la automatización de procesos y la inteligencia artificial para personalizar sus servicios y mejorar la gestión del riesgo. La aparición de **fintechs** ha intensificado la competencia, obligando a las instituciones financieras tradicionales a innovar para no quedarse atrás. Las plataformas digitales permiten a los bancos ofrecer servicios 24/7, mejorar la satisfacción del cliente y reducir costos operativos. Sin embargo, este sector también enfrenta desafíos relacionados con la ciberseguridad y la necesidad de cumplir con regulaciones cada vez más estrictas. La capacidad de los bancos para adaptarse a estos cambios tecnológicos será crucial para su sostenibilidad y crecimiento a largo plazo.

El sector de **manufactura** ha sido uno de los más beneficiados por la digitalización, especialmente a través de la adopción de la Industria 4.0. Las tecnologías como el Internet de las Cosas (IoT), la automatización y el análisis de datos han permitido a las empresas manufactureras optimizar sus procesos, reducir desperdicios y mejorar la calidad de los productos. La digitalización en este sector no solo ha permitido una producción más eficiente, sino también una personalización masiva, donde las empresas pueden adaptar sus productos a las necesidades específicas de los clientes. Sin embargo, los fabricantes también enfrentan desafíos, como la necesidad de capacitar a su personal en nuevas tecnologías y la inversión inicial necesaria para implementar estas soluciones. La capacidad de innovar y adoptar tecnologías emergentes será fundamental para que las empresas manufactureras mantengan su competitividad en un mercado global.

El sector de **servicios** también ha experimentado cambios significativos gracias a la transformación digital. Las empresas de servicios, desde consultorías hasta atención médica, están utilizando tecnologías digitales para mejorar la eficiencia operativa y la experiencia del cliente. La automatización de procesos y el uso de herramientas de colaboración en línea han permitido a las empresas de servicios ofrecer soluciones más rápidas y efectivas. En el ámbito de la atención médica, la telemedicina y el uso de aplicaciones de salud están cambiando la forma en que los pacientes acceden a los servicios. Sin embargo, este sector enfrenta desafíos en términos de adaptación cultural y la necesidad de garantizar la calidad del servicio en un entorno digital. Las empresas que logran integrar la tecnología en sus operaciones diarias pueden mejorar su eficiencia y satisfacción del cliente, lo que resulta en un crecimiento sostenible.

Cada uno de estos sectores enfrenta desafíos y oportunidades únicos en su proceso de transformación digital. La capacidad de adaptarse a las nuevas tecnologías y las cambiantes expectativas de los consumidores es crucial para el éxito a largo plazo. La digitalización no solo mejora la eficiencia y la competitividad, sino que también abre nuevas vías para la innovación y la creación de valor. Las empresas que entienden y aprovechan estos cambios serán las que se posicionen para prosperar en un mundo cada vez más digital.

• Lecciones aprendidas y errores comunes

Las lecciones aprendidas y los errores comunes en el proceso de transformación digital son cruciales para guiar a las empresas en su camino hacia la digitalización. La experiencia acumulada por organizaciones que han enfrentado estos desafíos proporciona valiosas perspectivas que pueden ayudar a otros a evitar tropiezos y a implementar estrategias más efectivas.

Una de las lecciones más importantes es la necesidad de tener una **visión clara** y un **liderazgo comprometido**. La transformación digital no es solo una cuestión tecnológica; implica un cambio cultural y estratégico que debe ser impulsado desde la alta dirección. Las empresas que cuentan con líderes que comprenden la importancia de la digitalización y que son capaces de articular una visión clara tienden a tener más éxito en la implementación de iniciativas digitales. Esta visión debe ser comunicada de manera efectiva a todos los niveles de la organización, asegurando que todos los empleados comprendan cómo sus roles contribuyen a los objetivos digitales.

Un error común es **subestimar el cambio cultural** necesario para la transformación digital. Muchas organizaciones se enfocan en las herramientas y tecnologías, pero ignoran la importancia de la cultura organizacional. La resistencia al cambio puede ser un obstáculo significativo si los empleados no están preparados o motivados para adoptar nuevas formas de trabajar. Fomentar una cultura que valore la innovación, la colaboración y la adaptabilidad es esencial. Esto incluye brindar apoyo a los empleados mediante capacitación, recursos y un entorno que les permita experimentar y aprender de sus errores.

La **falta de un enfoque basado en datos** es otro error frecuente. La transformación digital debe estar impulsada por el análisis de datos y la toma de decisiones informadas. Sin embargo, muchas empresas no implementan los sistemas necesarios para recopilar, analizar y utilizar los datos de manera efectiva. Esto limita su capacidad para entender a sus clientes, optimizar operaciones y medir el impacto de las iniciativas digitales. Invertir en herramientas de análisis y en la capacitación del personal para utilizarlas puede ser un diferenciador clave en el éxito de la digitalización.

Además, es vital **priorizar la experiencia del cliente** en el proceso de transformación. Las empresas a menudo se centran tanto en la tecnología y la eficiencia interna que olvidan que el objetivo final es mejorar la experiencia del cliente. Las iniciativas digitales deben estar alineadas con las expectativas y necesidades de los clientes. La retroalimentación continua de los consumidores es esencial para adaptar los servicios y asegurar que se están cumpliendo sus demandas. Ignorar este aspecto puede resultar en inversiones que no generan el retorno esperado.

Un aspecto crítico es la **selección y gestión de la tecnología adecuada**. Muchas empresas cometen el error de adoptar tecnologías de moda sin una evaluación cuidadosa de su alineación con los objetivos estratégicos. Es fundamental realizar un análisis detallado de las necesidades de la empresa y del entorno antes de invertir en nuevas herramientas. La tecnología debe integrarse sin problemas en los procesos existentes y mejorar la eficiencia en lugar de complicarla.

La **evaluación continua** y el ajuste de las estrategias también son componentes esenciales de una transformación digital exitosa. Muchas organizaciones establecen un plan y luego se adhieren rígidamente a él, sin considerar que el entorno empresarial y tecnológico puede cambiar rápidamente. La agilidad es clave; las empresas deben ser capaces de evaluar sus resultados, aprender de sus fracasos y realizar ajustes necesarios en tiempo real. La falta de flexibilidad puede llevar a perder oportunidades en un mercado dinámico.

Es esencial tener en cuenta la **sostenibilidad y la ética** en el contexto de la transformación digital. A medida que las empresas adoptan tecnologías avanzadas, deben considerar el impacto de sus acciones en la sociedad y en el medio ambiente. Ignorar este aspecto puede resultar en repercusiones negativas para la reputación de la empresa y su relación con los clientes. Invertir en prácticas sostenibles y éticas no solo es correcto, sino que también puede ser un diferenciador competitivo en el mercado actual.

Las lecciones aprendidas en el camino hacia la transformación digital destacan la importancia de una visión clara, un liderazgo comprometido, un enfoque en la cultura organizacional, la utilización de datos para la toma de decisiones, la priorización de la experiencia del cliente, la adecuada selección de tecnologías, la evaluación continua y la consideración de la sostenibilidad. Aprender de los errores comunes permitirá a las empresas abordar la digitalización de manera más efectiva y maximizar sus oportunidades en un entorno empresarial en constante evolución.

Capítulo 12: Predicciones para el Futuro Digital de los Negocios Tradicionales

- ## Tendencias tecnológicas y su impacto en el sector tradicional

Las tendencias tecnológicas están transformando radicalmente el panorama de los negocios tradicionales, y su impacto se extiende a diversas industrias, desde el comercio minorista hasta la manufactura y los servicios. Estas tendencias no solo alteran la forma en que las empresas operan, sino que también redefinen las expectativas de los consumidores y crean nuevas oportunidades y desafíos. A continuación, se exploran algunas de las tendencias tecnológicas más relevantes y su impacto en el sector tradicional.

Uno de los desarrollos más destacados en la actualidad es la **inteligencia artificial (IA)**. La IA está cambiando la manera en que las empresas analizan datos, interactúan con los clientes y optimizan sus operaciones. Con la capacidad de procesar grandes volúmenes de información, la IA permite a las empresas predecir comportamientos del consumidor, personalizar ofertas y mejorar la atención al cliente mediante chatbots y asistentes virtuales. Esto no solo aumenta la eficiencia operativa, sino que también enriquece la experiencia del cliente, lo que puede traducirse en una mayor lealtad y satisfacción.

Otra tendencia significativa es el **internet de las cosas (IoT)**, que conecta dispositivos físicos a internet, permitiendo la recopilación y análisis de datos en tiempo real. En el ámbito de la manufactura, por ejemplo, IoT facilita la supervisión de maquinaria, la gestión de inventarios y la optimización de la cadena de suministro. Las empresas pueden identificar problemas antes de que se conviertan en fallos costosos, lo que aumenta la eficiencia y reduce los tiempos de inactividad. En el comercio minorista, IoT puede proporcionar información valiosa sobre el comportamiento del consumidor dentro de la tienda, permitiendo a las empresas adaptar su estrategia de marketing y optimizar la disposición de los productos.

El **big data** también juega un papel crucial en la transformación digital de los negocios tradicionales. La capacidad de analizar grandes volúmenes de datos permite a las empresas extraer información valiosa sobre tendencias del mercado, preferencias de los clientes y comportamientos de compra. Esta información se puede utilizar para tomar decisiones estratégicas más informadas, mejorar la segmentación de mercado y optimizar las campañas de marketing. Además, las empresas pueden utilizar análisis predictivos para anticipar demandas futuras y ajustar su producción y oferta de servicios en consecuencia.

La **automatización de procesos** es otra tendencia que está remodelando el sector tradicional. La implementación de tecnologías como la automatización robótica de procesos (RPA) permite a las empresas automatizar tareas repetitivas y basadas en reglas, liberando así a los empleados para que se concentren en actividades de mayor valor. Esto no solo mejora la eficiencia operativa, sino que también reduce el riesgo de errores humanos y acelera los tiempos de respuesta. En la atención al cliente, por ejemplo, la automatización puede simplificar la gestión de consultas y quejas, mejorando la satisfacción del cliente.

El uso de plataformas de **comercio electrónico** está cambiando la forma en que las empresas tradicionales interactúan con sus clientes. La digitalización de las ventas ha permitido a muchas empresas expandir su alcance más allá de su ubicación física, llegando a clientes en todo el mundo. Además, la integración de canales digitales con operaciones tradicionales (estrategia omnicanal) proporciona una experiencia de compra más fluida para los consumidores. Por ejemplo, los clientes pueden investigar productos en línea, comprar en la tienda y devolver productos a través de la web, lo que mejora la conveniencia y satisfacción del cliente.

El **trabajo remoto** y la digitalización de la fuerza laboral son tendencias que han sido aceleradas por la pandemia, pero que han llegado para quedarse. Las herramientas de colaboración y comunicación en línea permiten a los empleados trabajar desde cualquier lugar, lo que no solo mejora la flexibilidad, sino que también puede aumentar la productividad. Las empresas tradicionales se ven obligadas a adaptar su cultura organizacional y sus procesos para facilitar esta nueva forma de trabajar, lo que a su vez puede llevar a un entorno laboral más dinámico y centrado en resultados.

La **sostenibilidad** también se ha convertido en un factor determinante en las decisiones empresariales. La tecnología está facilitando la adopción de prácticas sostenibles, desde la reducción de desperdicios mediante el uso de herramientas de gestión de recursos hasta el desarrollo de productos más ecológicos. Las empresas que integran la sostenibilidad en su modelo de negocio no solo cumplen con las expectativas sociales y regulatorias, sino que también pueden atraer a consumidores conscientes del medio ambiente y mejorar su reputación en el mercado.

La **ciberseguridad** se ha vuelto más crítica que nunca en un entorno digital. Con el aumento de las transacciones en línea y el almacenamiento de datos sensibles, las empresas deben priorizar la seguridad para protegerse contra las amenazas cibernéticas. Las inversiones en tecnologías de seguridad no solo protegen a la empresa, sino que también son fundamentales para mantener la confianza del cliente.

Las tendencias tecnológicas están redefiniendo el sector tradicional de múltiples maneras. Desde la inteligencia artificial y el IoT hasta la automatización y el comercio electrónico, estas innovaciones están cambiando la forma en que las empresas operan, interactúan con los clientes y se adaptan a un entorno en constante cambio. Las empresas que abracen estas tendencias y se comprometan a innovar y adaptarse estarán mejor posicionadas para prosperar en la economía digital y enfrentar los desafíos del futuro.

• La evolución del cliente digital y nuevas expectativas

La evolución del cliente digital ha sido un proceso dinámico que refleja los profundos cambios en la tecnología, las plataformas de comunicación y las expectativas de los consumidores. A medida que la digitalización se ha intensificado en todos los aspectos de la vida cotidiana, también lo han hecho las expectativas y comportamientos de los clientes. Esta evolución ha llevado a la creación de un nuevo perfil de consumidor que se caracteriza por su conexión constante, su necesidad de personalización y su deseo de experiencias excepcionales.

En los primeros días de la internet, los consumidores estaban limitados por la disponibilidad de información y la tecnología. Las interacciones eran predominantemente unidireccionales, donde las empresas transmitían mensajes a los clientes sin recibir retroalimentación significativa. Sin embargo, con la proliferación de smartphones, redes sociales y plataformas de e-commerce, el panorama cambió drásticamente. Los clientes comenzaron a tener acceso inmediato a información sobre productos, precios y opiniones de otros consumidores. Esta nueva realidad transformó a los consumidores en participantes activos en el proceso de compra, y no solo en receptores pasivos de información.

Hoy en día, el cliente digital se ha vuelto cada vez más exigente. Las expectativas han evolucionado de tal manera que los consumidores esperan una experiencia de compra fluida y omnicanal. Esto significa que desean poder interactuar con las marcas a través de múltiples canales—tiendas físicas, sitios web, aplicaciones móviles y redes sociales—y recibir un servicio consistente y personalizado en cada uno de ellos. La capacidad de las empresas para ofrecer una experiencia integrada es fundamental para satisfacer las expectativas de los consumidores actuales.

La personalización se ha convertido en un pilar esencial de la experiencia del cliente. Los consumidores esperan que las marcas comprendan sus preferencias individuales y ofrezcan recomendaciones y contenido adaptado a sus intereses. Gracias al análisis de datos y la inteligencia artificial, las empresas pueden recopilar y analizar información sobre el comportamiento del cliente, lo que les permite ofrecer una experiencia más relevante y significativa. Esta personalización no solo mejora la satisfacción del cliente, sino que también fomenta la lealtad a la marca.

Otro aspecto significativo de la evolución del cliente digital es la necesidad de transparencia y responsabilidad. Los consumidores de hoy son más conscientes de las prácticas empresariales, y exigen que las marcas actúen de manera ética y sostenible. La transparencia en cuanto a la procedencia de los productos, la sostenibilidad de las prácticas y el compromiso social son factores que influyen en las decisiones de compra. Las empresas que demuestran responsabilidad social y ambiental suelen ganar la confianza y lealtad de los consumidores.

Además, la inmediatez se ha convertido en una expectativa clave. En un mundo donde las respuestas están a un clic de distancia, los consumidores esperan que las empresas sean rápidas y eficientes en la atención al cliente. Esto incluye la respuesta a consultas, la resolución de problemas y el procesamiento de pedidos. La rapidez y la eficiencia se han vuelto sinónimos de calidad, y aquellas empresas que no cumplen con estas expectativas pueden perder clientes rápidamente.

La interacción en tiempo real también ha cambiado la dinámica de la relación entre las marcas y los consumidores. Las plataformas de redes sociales han proporcionado un canal para la comunicación directa e instantánea. Los clientes no solo esperan respuestas rápidas a sus preguntas, sino que también quieren que las empresas participen activamente en la conversación, escuchen sus inquietudes y se adapten a sus necesidades. Esta interacción bidireccional refuerza la conexión entre la marca y el consumidor, y es fundamental para construir relaciones duraderas.

La experiencia del cliente se ha convertido en un diferenciador clave en un mercado saturado. Los consumidores buscan no solo productos de calidad, sino también experiencias memorables que añadan valor a sus vidas. Esto significa que las empresas deben ir más allá de ofrecer productos; deben centrarse en crear momentos significativos en cada punto de contacto con el cliente. Desde el primer vistazo hasta el servicio postventa, cada interacción cuenta y debe ser diseñada cuidadosamente para maximizar la satisfacción del cliente.

La evolución del cliente digital ha llevado a nuevas expectativas en términos de personalización, transparencia, inmediatez e interacción. Las empresas que comprenden y responden a estas expectativas están mejor posicionadas para construir relaciones sólidas con sus clientes y prosperar en un entorno comercial cada vez más competitivo y digitalizado. La capacidad de adaptarse y evolucionar junto con las expectativas del cliente es esencial para cualquier negocio que busque mantenerse relevante y exitoso en el futuro.

- # ¿Qué sigue después de la transformación digital? Prepararse para la innovación continua

Después de la transformación digital, el enfoque de las organizaciones debe desplazarse hacia la innovación continua, un proceso que asegura que las empresas no solo se adapten a los cambios del entorno digital, sino que también se mantengan a la vanguardia de la evolución tecnológica y de las expectativas del cliente. La innovación continua implica un compromiso constante con la mejora, la experimentación y la implementación de nuevas ideas que puedan aportar valor, tanto a la organización como a sus clientes.

Una de las primeras consideraciones en esta fase es la creación de una cultura organizacional que fomente la innovación. Esto significa incentivar a los empleados a proponer ideas, experimentar con nuevos enfoques y no temer al fracaso. Las empresas deben reconocer que la innovación no siempre resultará en éxitos inmediatos, y que los fracasos pueden ser valiosas oportunidades de aprendizaje. Al promover un ambiente donde se valoran la creatividad y la toma de riesgos, las organizaciones pueden aprovechar el potencial de su personal para generar ideas innovadoras y disruptivas.

La formación y el desarrollo de competencias son también cruciales para preparar a la fuerza laboral para la innovación continua. A medida que la tecnología avanza, es esencial que los empleados adquieran nuevas habilidades y conocimientos que les permitan trabajar con herramientas y tecnologías emergentes. Programas de capacitación y desarrollo profesional pueden equipar al personal con las habilidades necesarias para implementar cambios y adaptarse a nuevas dinámicas del mercado. Esto no solo mejora la capacidad innovadora de la empresa, sino que también aumenta la satisfacción y retención de los empleados, quienes se sienten valorados y capaces de contribuir a la misión organizacional.

La colaboración y el trabajo en equipo son otros componentes esenciales en la innovación continua. Fomentar la colaboración entre diferentes departamentos y disciplinas dentro de la organización puede generar una diversidad de ideas y perspectivas que enriquecen el proceso de innovación. El establecimiento de equipos multidisciplinarios permite a las empresas abordar problemas desde ángulos variados, fomentando soluciones más completas y efectivas. Además, la colaboración con socios externos, como startups, universidades y otras empresas, puede abrir nuevas oportunidades y facilitar el acceso a innovaciones y tecnologías que de otro modo serían difíciles de desarrollar internamente.

La integración de tecnologías avanzadas es fundamental para apoyar la innovación continua. Herramientas como la inteligencia artificial, el big data y la analítica avanzada permiten a las organizaciones identificar tendencias, predecir comportamientos del consumidor y optimizar procesos. Estas tecnologías no solo mejoran la eficiencia operativa, sino que también impulsan la capacidad de innovación al proporcionar información valiosa que puede guiar la toma de decisiones estratégicas. Al aprovechar estas herramientas, las empresas pueden innovar de manera más efectiva y responder rápidamente a las demandas del mercado.

Asimismo, es crucial establecer mecanismos de retroalimentación que permitan a las organizaciones aprender de sus experiencias y ajustar sus estrategias en consecuencia. La recopilación de datos sobre el rendimiento de nuevos productos o servicios, así como la obtención de opiniones de los clientes, puede ofrecer información valiosa sobre lo que está funcionando y lo que necesita mejoras. Implementar ciclos de retroalimentación ágil permite realizar ajustes rápidos y eficientes, asegurando que las innovaciones continúen evolucionando y adaptándose a las necesidades del mercado.

La proactividad en la búsqueda de nuevas oportunidades y en la identificación de amenazas potenciales es esencial para mantener la innovación continua. Las empresas deben estar constantemente vigilantes respecto a las tendencias del mercado y los cambios en el comportamiento del consumidor. Esto implica no solo reaccionar a los cambios cuando ocurren, sino anticiparse a ellos y estar preparados para capitalizar nuevas oportunidades antes que la competencia. Adoptar un enfoque proactivo hacia la innovación permite a las organizaciones no solo sobrevivir, sino prosperar en un entorno empresarial en constante evolución.

Después de la transformación digital, las empresas deben comprometerse con la innovación continua como un medio para mantenerse relevantes y competitivas. Cultivar una cultura de innovación, invertir en el desarrollo de habilidades, fomentar la colaboración, integrar tecnologías avanzadas, establecer mecanismos de retroalimentación y adoptar un enfoque proactivo son elementos clave en este proceso. La innovación continua no solo se trata de adaptarse a los cambios, sino de ser un líder en el ámbito empresarial, anticipándose a las tendencias y creando valor sostenible a largo plazo.

Futuro: Un Nuevo Enfoque para un Nuevo Mundo

- ## Resumen de los pasos clave para lograr una transformación digital exitosa

Lograr una transformación digital exitosa requiere un enfoque estratégico y un compromiso continuo de toda la organización. A continuación, se resumen los pasos clave que las empresas deben seguir para facilitar este proceso:

Primero, es esencial realizar una evaluación exhaustiva del estado digital actual de la empresa. Esto implica analizar las capacidades tecnológicas existentes, la infraestructura digital y el nivel de competencia digital del personal. Identificar áreas de mejora y oportunidades para la digitalización ayudará a establecer una base sólida para la transformación.

Una vez que se haya realizado la evaluación, el siguiente paso es definir una visión clara y un plan estratégico para la transformación digital. Esto debe incluir objetivos específicos, medibles y alcanzables, así como un cronograma de implementación. La comunicación de esta visión a todos los niveles de la organización es crucial para asegurar el compromiso y la alineación del equipo.

La formación y el desarrollo de competencias digitales en el personal son fundamentales para la transformación digital. Invertir en capacitación y habilidades digitales permitirá a los empleados adaptarse a nuevas tecnologías y procesos, lo que a su vez impulsará la efectividad de la transformación.

Otro paso clave es la selección y adopción de las tecnologías adecuadas. Esto incluye la implementación de sistemas de gestión, herramientas de análisis de datos y plataformas de automatización que se alineen con las necesidades y objetivos de la empresa. Es importante evaluar las opciones disponibles y elegir las que ofrezcan el mejor retorno de inversión y sean escalables a largo plazo.

La gestión del cambio es un aspecto crítico a lo largo de todo el proceso de transformación. Preparar a la organización para el cambio, abordar la resistencia y fomentar una cultura de innovación y adaptación son factores que facilitarán la transición. La comunicación efectiva y el liderazgo en este proceso son esenciales para mitigar la incertidumbre y promover la aceptación.

Es crucial establecer métricas y KPIs para medir el progreso y el éxito de la transformación digital. Esto permitirá realizar ajustes estratégicos y operativos en función de los resultados obtenidos, garantizando así una mejora continua en el proceso de digitalización.

Al seguir estos pasos clave, las empresas estarán mejor posicionadas para enfrentar los desafíos de la transformación digital y aprovechar las oportunidades que brinda el entorno digital.

• La importancia de la mentalidad de adaptación continua

En un entorno empresarial en constante evolución, la mentalidad de adaptación continua se ha convertido en un pilar fundamental para la sostenibilidad y el crecimiento de las organizaciones. Esta mentalidad se refiere a la capacidad de las empresas para ajustarse proactivamente a los cambios del mercado, a las nuevas tecnologías, y a las necesidades y expectativas de los clientes. La importancia de cultivar esta mentalidad radica en varios factores clave que impactan directamente en la viabilidad y el éxito de un negocio.

La rápida evolución de la tecnología y la innovación significa que las empresas deben estar en constante vigilancia y dispuestas a experimentar con nuevas herramientas y métodos. Aquellas organizaciones que adoptan una mentalidad de adaptación continua están mejor preparadas para integrar nuevas tecnologías en sus procesos, lo que no solo mejora la eficiencia operativa, sino que también les permite ofrecer productos y servicios que respondan más efectivamente a las expectativas cambiantes de los consumidores. La adaptabilidad se traduce en la capacidad de aprender de la experiencia y aplicar ese aprendizaje a nuevas situaciones, lo que es esencial para sobrevivir en un mercado competitivo.

Además, una mentalidad de adaptación continua fomenta la agilidad organizativa. Las empresas que operan con esta mentalidad pueden pivotar más rápidamente en respuesta a las tendencias del mercado o a las crisis, minimizando el impacto negativo en su desempeño. Esto es especialmente crítico en contextos donde las condiciones del mercado pueden cambiar de manera drástica y repentina, como lo ha demostrado la pandemia de COVID-19. Las organizaciones que estaban dispuestas a adaptarse rápidamente pudieron ajustar sus operaciones y modelos de negocio para satisfacer las nuevas demandas y, en algunos casos, incluso prosperar.

La mentalidad de adaptación también está intrínsecamente relacionada con la innovación. Las empresas que fomentan una cultura de adaptación continua son más propensas a incentivar la creatividad y a buscar soluciones innovadoras para los desafíos que enfrentan. La apertura a nuevas ideas y enfoques no solo estimula el desarrollo de productos y servicios innovadores, sino que también fortalece la capacidad de la organización para anticipar y reaccionar ante los cambios del mercado antes que sus competidores. Este enfoque proactivo en la innovación puede ser la clave para mantener una ventaja competitiva en un entorno empresarial saturado.

Cultivar una mentalidad de adaptación continua también tiene un impacto significativo en la cultura organizacional. Las empresas que promueven la flexibilidad y la apertura al cambio suelen experimentar un mayor compromiso y satisfacción por parte de sus empleados. Un ambiente que alienta la adaptación no solo empodera a los empleados para que sean más proactivos en su trabajo, sino que también fomenta la colaboración y el intercambio de ideas. Esto crea un ciclo positivo donde la adaptabilidad se convierte en un valor compartido que impulsa a la organización hacia adelante.

La mentalidad de adaptación continua es esencial para el éxito empresarial en el mundo actual. Permite a las organizaciones no solo sobrevivir, sino también prosperar ante la incertidumbre y la volatilidad del mercado. A través de la agilidad, la innovación y una cultura colaborativa, las empresas pueden asegurar su relevancia y competitividad en un panorama en constante cambio.

• Inspiración para iniciar o continuar el camino de la transformación digital

Iniciar o continuar el camino de la transformación digital es un proceso que puede parecer desafiante, pero también está lleno de oportunidades y potencial para la innovación. La inspiración para embarcarse en este viaje puede provenir de diversas fuentes, desde ejemplos de éxito hasta la visión de un futuro mejorado a través de la tecnología. Aquí hay algunas consideraciones que pueden motivar a las empresas a dar pasos decisivos hacia su transformación digital.

Una de las principales fuentes de inspiración son las historias de empresas que han logrado transformarse digitalmente y, en consecuencia, han revolucionado sus industrias. Estas historias muestran cómo la adopción de nuevas tecnologías y la reimaginación de modelos de negocio no solo les permitió sobrevivir, sino que también les otorgó una ventaja competitiva significativa. Las grandes marcas, así como las startups innovadoras, demuestran que, con una mentalidad abierta y un enfoque estratégico, es posible reinventar la forma en que operan y se relacionan con sus clientes. Estas historias pueden servir como un poderoso recordatorio de que la transformación digital no es solo una tendencia, sino una necesidad para la relevancia en el mercado.

La visión de un futuro digitalizado también puede ser un fuerte motor de cambio. Imagina un entorno en el que los procesos empresariales son más eficientes, las interacciones con los clientes son más fluidas y personalizadas, y la toma de decisiones está respaldada por datos en tiempo real. Este futuro no es solo una aspiración, sino una realidad alcanzable que las empresas pueden construir a través de su compromiso con la transformación digital. Visualizar esta posibilidad puede servir como un faro que guíe a los líderes empresariales a invertir el tiempo y los recursos necesarios para implementar los cambios necesarios.

Además, la creciente demanda de los consumidores por experiencias más conectadas y personalizadas representa una fuente significativa de inspiración. Los clientes de hoy esperan interacciones fluidas y relevantes a través de múltiples canales. Las empresas que logran satisfacer estas expectativas no solo construyen relaciones más sólidas con sus clientes, sino que también obtienen una ventaja competitiva en un mercado saturado. La capacidad de utilizar la tecnología para comprender mejor las necesidades y deseos de los consumidores puede inspirar a las organizaciones a profundizar en su proceso de transformación digital.

La cultura organizacional también desempeña un papel crucial en el camino hacia la transformación digital. Fomentar un entorno que valore la experimentación, la colaboración y la innovación puede inspirar a los empleados a participar activamente en el proceso de cambio. Las organizaciones que empoderan a sus equipos a proponer ideas y soluciones innovadoras, y que permiten un margen de error para aprender de los fracasos, están mejor posicionadas para aprovechar las oportunidades que ofrece la transformación digital. Esta mentalidad de crecimiento no solo beneficia a la organización, sino que también crea un lugar de trabajo más dinámico y atractivo para los talentos.

La necesidad de adaptarse a un entorno empresarial en constante cambio debe ser un motor inspirador para cualquier empresa. La transformación digital no es solo una opción; es una estrategia vital para enfrentar los desafíos actuales y futuros. Las empresas que se niegan a adaptarse corren el riesgo de quedar atrás, mientras que aquellas que abrazan el cambio y buscan continuamente mejorar su capacidad digital se posicionan como líderes en sus industrias.

La transformación digital es un viaje emocionante que ofrece múltiples beneficios y oportunidades. La inspiración puede surgir de historias de éxito, visiones de un futuro mejorado, la demanda de los consumidores, la creación de una cultura innovadora y la necesidad de adaptarse a un entorno cambiante. Al reconocer y aprovechar estas fuentes de inspiración, las empresas pueden dar pasos decididos hacia su transformación digital, asegurando su relevancia y éxito en el mundo empresarial actual.